Anfangsjahre als Autorin

Von Diana Kauba

D1726563

Anfangsjahre als Autorin

Erfahrungsberichte und Kurzgeschichten

von Diana Kauba

Spatzen-Verlag
Gärtnerstraße 18
5020 Salzburg
Österreich

1. Auflage 2024

© 2024 Alle Rechte vorbehalten.

Spatzen-Verlag

Gärtnerstraße 18

5020 Salzburg

Österreich

www.spatzen-verlag.at

Buchcover: Sabine Köth

Korrektorat: Karin Leherbauer-Unterberger

www.korrekte-texte.at

Porträtfoto Rückseite: © Dr. Christian Weingartner

www.weingartner.photos

ISBN (print) 978-3-903544-00-0

F ü r   m i c h,

die ich den Mut doch noch
nach Jahrzehnten aufbrachte,
meinen Traum
zu realisieren
und zu leben

und

für Ted,
der mich dabei
unterstützt hat.

Inhaltsverzeichnis

Vorwort

Meine Traumberufe als Kind waren Schauspielerin und Schriftstellerin. Während meines Jus-Studiums durfte ich im Jahr 1991 ein Praktikum in der Dramaturgie der Salzburger Festspiele absolvieren. Dabei wurde mein erster Text im Programmheft „Julietta" abgedruckt. Nach meinen Studienjahren stieg ich ins Berufsleben ein und dieses prägte meinen Alltag, der kaum Raum für Kreativität ließ. Irgendwann entstand die Idee, ein Buch zu schreiben, und ich fing wieder an, mich in meiner Freizeit damit zu beschäftigen. Zuerst schrieb ich nur für mich, dann allerdings mit dem Wunsch, das Buch zu veröffentlichen. Meine Freundinnen fanden das Buch spannend und gut geschrieben, doch war es das wirklich? Ich zweifelte daran.

Eine meiner Freundinnen kannte ein älteres belesenes Ehepaar, dem ich meinen Text für ein Feedback überließ. Dieses fiel vernichtend aus. *„Wir haben das Vorwort und einige Textpassagen deiner Geschichte gelesen. Die Aufzeichnung von Erlebnissen ist sicher für dich selbst von Nutzen – auch die Weiterführung als Tagebuch. Zur Veröffentlichung in dieser Form taugt sie nicht..."*

Trotzdem hielt mich das nicht davon ab, an meinem Buchprojekt weiterzuschreiben.

Als ich im Jahr 2021 einen Bericht über Hera Lind in der Sendung „Seitenblicke" des Österreichischen Rundfunks sah und erfuhr, dass sie in Salzburg Schreibseminare abhält, beschloss ich kurzerhand, mich bei ihr anzumelden. Ich erhoffte mir Tipps und Tricks für mein Buch. An diesem Wochenende entdeckte ich, wie viel Spaß es mir macht, Geschichten zu schreiben, die nicht unbedingt etwas mit meinem Leben zu tun haben müssen, aber auch Erlebtes verarbeitet werden darf. Ich war überrascht, welche Texte entstanden, wenn ich meiner Fantasie freien Lauf ließ. Im Nachgang bat ich Hera Lind, sich mein Manuskript auszugsweise anzusehen.

Ihre Aussage, dass sich der Stoff kaum für ein Buch eignen würde, hat mich dann veranlasst, mein Buchprojekt erstmal auf die Seite zu legen. Dennoch war ich so begeistert von der Schreiberei, dass ich unbedingt weitermachen wollte. Ein Buch für die Öffentlichkeit zu schreiben, hat bei den wenigsten Menschen mit Genie zu tun, sondern beruht auf viel Wissen über das Schreibhandwerk und bedeutet in jedem Fall viel Arbeit.

Da ich keine Ahnung über die Schreibkunst hatte, sondern nur intuitiv schrieb, beschloss ich Ende des Jahres 2021 mich bei dem Fernlehrgang Kreatives Schreiben von „Laudius" anzumelden. Hierbei erhoffte ich, die Grundkenntnisse des Schreibens zu erlernen. Dieser Lehrgang behandelte viele Genres des Schreibens und ich erhielt Einblick in die Vielfalt und Möglichkeiten darüber. Es war spannend und aufregend, die Hausaufgaben der einzelnen Lernhefte abzuarbeiten. Je mehr ich mich mit dem Schreiben beschäftigte, desto mehr stieg das Interesse in mir, was sich in meiner näheren Umgebung auf diesem Gebiet tat.

Hierbei entdeckte ich das Literaturhaus Salzburg, in dem mehrere Vereine untergebracht sind, u.a. der Salzburger AutorInnengruppe (SAG). Ich bemühte mich um eine Mitgliedschaft, wobei ich stolz Auszüge aus meinem Buchprojekt sowie andere Texte an meine Bewerbung anhängte.

Wieder ein eher vernichtendes Urteil zu den eingesendeten Texten. „ ... *Wenn das Sich-von-der-Seele-Schreiben für eine Öffentlichkeit gedacht ist, wird es spätestens dann problematisch, wenn einem das literarische Handwerk fehlt oder – wie bei Ihnen – noch eher rudimentär erst verfügbar ist. Ich rate Ihnen daher – weil das*

Schreibenwollen/müssen an sich ja wahrlich positiv besetzt ist – dringend zum Besuch einer wirklich guten Schreibwerkstatt. Und Sie würden gründlich staunen, was ein/e Schreibwerkstattleiter*in an ihren Texten alles zu bemängeln hätte. ..."

Ich durfte mich trotz dieser Kritik freuen, dass eine Mehrheit der Mitglieder für meine Aufnahme im Verein stimmte. Ich nahm mir die Kritik jedoch zu Herzen und besuchte im Jahr 2023 mehrere Schreibwerkstätten. Jedes dieser Seminare brachte mich im Hinblick auf Schreibstil, Schreibwissen und Schreibhandwerk weiter und bescherte mir einige Aha-Momente. Ich sammelte Erfahrung im Schreiben, gleichzeitig lernte ich andere Schreibwütige kennen, denen es ähnlich wie mir erging.

Für das Schreiben auf dem Computer hatte ich mir das Schreibprogramm „Papyrus Autor" angeschafft, mit dem ich grundsätzlich sehr zufrieden bin. Ich nahm Ende des Jahres 2023 an der Seitenwind-Challenge teil. Jede Woche erhielten die Community-Mitglieder eine Aufgabenstellung für eine Kurzgeschichte. Obwohl meine Kurzgeschichten nicht im vorderen Feld landeten, waren die Rückmeldungen für mich sehr hilfreich. Es war zufriedenstellend, dass meine Kurzgeschichten einigen der Community-Mitglieder sehr gut gefielen. Außerdem hatte ich in diesem Jahr begonnen, an Schreibwettbewerben teilzunehmen. Die meisten der Veranstalter waren Verlage, die aus den Einsendungen Kurzgeschichten mit dem Ziel auswählten, diese in einer Anthologie zu veröffentlichen. Eine Bezahlung der Autor:innen erfolgt hierfür nicht. Es ging mir nicht hauptsächlich um die Veröffentlichung einer meiner Kurzgeschichten, sondern wichtig war mir, am Schreiben dranzubleiben. Da mein Buchprojekt in einer der untersten Schubladen gelandet ist und vor sich hin moderte, konnte ich dadurch trotzdem Schreibpraxis sammeln. Letztendlich wurde all die Mühe belohnt, da ich Anfang 2024 die Zusage für die erste Veröffentlichung meiner Kurzgeschichte „Liebe kennt keine Grenzen" von dem Edition Paashaas Verlag erhielt. Was soll ich euch sagen? An diesem Tag, als ich das E-Mail der Veröffentlichungszusage öffnete, machte sich ein Dauergrinsen in meinem Gesicht breit und ein nicht zu beschreibendes Glücksgefühl durchströmte meinen Geist und meinen Körper. Ich muss gestehen, es hat mich mit Stolz erfüllt, dass diese Geschichte für veröffentlichungswürdig befunden wurde.

In diesem Buch lasse ich die letzten zwei Jahre meines Schreiblebens Revue passieren. Ein Auszug der Kurzgeschichten und anderer Texte, die in dieser Zeit entstanden sind, sollen die Fortschritte meines Tuns aufzeigen. Gleichzeitig möchte ich Sie an diesem Weg, gespickt mit vielen Erfahrungen und Eindrücken, teilhaben lassen, um Ihnen Mut zum Schreiben zu machen, wenn Sie – ebenso wie ich – das Bedürfnis haben, Ihre Gedanken, Ihre Gefühle, Ihre Erlebnisse, Ihre Fantasie oder Ähnliches zu Papier zu bringen.

Träume

Träume sind die geheimsten Wünsche und Gefühle der Menschen.
Sie spiegeln die Gedanken wider,
die man sich nicht getraut in der Wirklichkeit laut auszusprechen.
Im Traum gibt es keinen Größenwahn,
denn der Traum setzt keine Grenzen.
Ein Clochard wird zum Kaiser.
Ein Alkoholiker zum angebeteten Mega-Star.
In ihm erfüllt sich die Hoffnung auf ein besseres Leben,
die Sehnsucht nach allem noch nicht Erlebten,
die versäumte Liebe.
Man kann alles.
Man darf alles.
Im Träumen liegt die große Glückseligkeit der Menschheit, denn durch den Traum erfährt jeder Glück und Geborgenheit.
Vermischt man die Grenzen zwischen Traum und Wirklichkeit, entfernt man sich mehr und mehr von der Realität, und verliert sich in der Traumwelt seines eigenen ICHs,
die dem Wahnsinn gleicht.

(Veröffentlichung im Programmheft „Julietta" der Salzburger Festspiele 1991)

1. Schreibwerkstatt mit Hera Lind

Im Sommer 2021 wurde in der Sendung „Seitenblicke" des Österreichischen Rundfunks die Schreibwerkstatt der Buchautorin Hera Lind vorgestellt. Ich horchte auf, als berichtet wurde, dass sie in meiner Heimatstadt lebt und in Salzburg Schreibseminare anbietet. Da ich mich selbst im Schreiben übte, wollte ich die Gelegenheit wahrnehmen, mir ein paar Tipps für die Kunst des Schreibens von einem Profi zu holen.

Der Name Hera Lind war mir aus meiner Jugend bekannt und in die Schublade „erfolgreiche deutsche Buchautorin" abgelegt worden. Mehr Wissen hatte ich nicht über sie. Am ersten Seminartag wurden wir Seminarteilnehmer:innen von Hera Lind, einer großen, schlanken, eleganten Mittsechzigerin, mit einer Herzlichkeit und Wärme in ihrer Privatwohnung in der Salzburger Altstadt begrüßt. Es entstand sofort eine heimelige und private Atmosphäre. Keine Spur von Staralüren.

Ein Mensch fast wie du und ich. Nach einer kurzen Wohnungsführung war ich beeindruckt von der einzigartigen Einrichtung, den stilvollen und gediegenen Möbelstücken, von den warmen Wandfarben, den Vorhängen, den Teppichen, der Dekoration, die in liebevoller Arbeit aufeinander abgestimmt waren. Frau Lind hatte einen sehr besonderen Wohn- und Arbeitsbereich geschaffen. Sie führte uns auch in ihr Heiligtum, ihr Büro, in dem sie ihre Bücher schreibt. In ihrer Privatwohnung hielt Hera Lind das von ihr entwickelte Schreibseminar ab. (Sie bietet immer noch Schreibseminare an.)

Mit ihrem empathischen Gespür gelang es ihr, jede:n Seminarteilnehmer:in auf dem jeweiligen Schreibstand abzuholen und jeder und jedem individuelle Tipps und Tricks zu vermitteln. Das Wochenende über herrschte eine familiäre, freundschaftliche, offene und ehrliche Stimmung.

Am bewegendsten empfand ich die persönliche Vorstellung von Hera Lind. Neben den biografischen Daten – geboren 2.11.1957 als Herlind Wartenberg in Bielefeld, Staatsexamen in Germanistik und Theologie, Konzertexamen für Opern- und Oratorienfach mit Auszeichnung, ehemalige Solosängerin und ehemals festes Mitglied des Kölner Rundfunkchors, 1988 Veröffentlichung ihres ersten Romans „ein Mann für jede Tonart" usw. – gewährte sie den Anwesenden einen Blick

17

auf den Menschen Hera Lind. Sie erzählte über den einschneidendsten Moment in ihrem Leben, der schicksalhaften Begegnung mit Engelbert, welche ihrer beider Leben total auf den Kopf stellte. Hera Lind gab Lesungen auf Kreuzfahrtschiffen und lernte dort den Hoteldirektor Engelbert Lainer kennen. Da beide zum damaligen Zeitpunkt liiert waren, kam das Verlieben plötzlich und überraschend. Die Liebe war so stark und groß, dass die Entscheidung, sich von den jeweiligen Partnern zu trennen und gemeinsam die Zukunft zu erkunden, für sie unausweichlich war.

Die Öffentlichkeit prangerte Hera Lind nach Bekanntwerden der Trennung von ihrem langjährigen Lebensgefährten, mit dem sie vier Kinder hat, an – verteufelte sie gar. Das perfekte Superweib entsprach nicht mehr dem Idealbild einer erfolgreichen Geschäftsfrau, Lebenspartnerin und Mutter. Ihr wurde sogar unterstellt, eine Rabenmutter zu sein, aus purem Egoismus das Glück ihrer Kinder zu gefährden. Der „freie Fall" von der heiß begehrten Bestsellerautorin zur Persona non grata begann. Im Raum war es seltsam still, als Hera Lind davon erzählte. In den Gesichtern der anderen Teilnehmer:innen konnte ich erkennen, wie diese Geschichte uns alle bewegte. Hera Lind sprach leise und ruhig von dieser Zeit, als sich immer mehr Personen des öffentlichen Lebens – die sie teilweise als Freunde glaubte – von ihr abkehrten.

Die damit verbundene menschliche Enttäuschung, die deutliche Narben in ihrem Inneren hinterlassen hat, ist höchstwahrscheinlich ursächlich dafür, dass es ihr schwerfällt, Personen außerhalb des Familienclans Vertrauen zu schenken. Sie bekräftigte, dass sie diese Zeit ohne ihre Liebsten, ihren Ehemann Engelbert und ihre Kinder, nicht überstanden hätte. Mit der Trennung von ihrem Lebensgefährten erfuhr sie gleichzeitig, dass er ihr Geld durch Spekulationsgeschäfte in den Sand gesetzt hatte. Sie war pleite. Dann erzählte sie uns, wie es nach der Talwanderung wieder bergauf ging. Ihr wurde eine Lebensgeschichte zugesandt. Sie wusste nicht, was sie damit anfangen sollte, und nahm Kontakt mit dem Mann, der diese verfasst hatte, auf. In diesem Gespräch sagte sie zu ihm, dass sie über seine Lebensgeschichte kein Buch schreiben könnte, sie wüsste nicht wie.

Der Mann meinte daraufhin: „Frau Lind, Sie können das. Wenn nicht Sie, wer sonst? Sie haben ebenso schwere Zeiten erlebt und können Empathie für Menschen empfinden, deren Schicksale sie berühren. Ich kann nicht schreiben. Helfen Sie mir, meine Geschichte einer Leserschaft zu offenbaren." Nach diesem Gespräch entstand 2010 ihr erster Tatsachenroman „Der Mann, der wirklich liebte". Sie hatte eine neue Berufung gefunden: die Schicksale anderer Menschen zu erzählen.

Ich erlebte Frau Lind in diesen drei Tagen als eine starke Frau. Ihr Geheimnis ist sicherlich die tiefe Verbundenheit mit ihren Kindern und ihrem Mann. Fasziniert war ich von dem liebevollen und respektvollen Umgang der beiden nach so vielen gemeinsamen und zum Teil schwierigen Lebensjahren. Zum Schluss möchte ich Hera Lind aus einem Interview mit der „Bunten" aus dem Jahr 2019 zitieren:

„Der Preis für unsere Liebe war unfassbar hoch, aber er war es wert. Wären wir uns in jungen Jahren begegnet, hätten wir uns und Dritten viel Leid erspart. Aber längst hat sich in unserem Umfeld alles zurechtgeruckelt und wir brachten sechs traumhafte Kinder mit in unsere Ehe. Insofern ist alles richtig genauso, wie es war."

(Dies ist mein Text zu der Hausaufgabe „Porträt" des Fernlehrgangs Kreatives Schreiben bei Laudius)

Wiedersehen

Nervös beobachtete ich den sich langsam mit einem lauten Tuten herannahenden Zug, wohl wissend, dass sich in den nächsten Minuten mein Leben verändern würde. Endlich öffneten sich die Türen des Zuges und Menschenmassen stürmten eilig heraus. Dort drüben näherte sich eine blonde Frau mit langen Haaren, die einen Koffer hinter sich herzog. Die Anstrengung stand ihr ins Gesicht geschrieben, der Koffer musste dem verzerrten Gesichtsausdruck nach zentnerschwer sein. Unsere Blicke trafen sich und ich wusste, dass sie es nicht war.

Langsam bewegte ich meinen Kopf hin und her, suchend nach der einen bestimmten Person, auf die ich wartete. Weiter hinten entdeckte ich eine beleibte Frau, die aus der Masse herausstach, da sie gemächlich hinterhertrottete, als hätte sie alle Zeit der Welt. Die anderen Passagiere eilten nur so an ihr vorbei, manche rempelten sie sogar an, aber sie hatte nur ein Lächeln für diese Ungestümtheit übrig. Ich löste mich von diesem faszinierenden Anblick, da sie es auch nicht war.

Weiter hinten eilte, mit hastigen Schritten, eine elegante, sehr adrett gekleidete Dame direkt auf mich zu. Meine Augen weiteten sich, da ich schon glaubte, dass ich der Grund für ihre Eile war. Ich blickte an ihr hinunter und vermisste das entscheidende Detail. Stattdessen befand sich in ihrer Hand nur ein Regenschirm und in der anderen eine Laptoptasche. So sehr mich ihr Äußeres mit dem knallroten Lippenstift, den schulterlangen Haaren und dem sportlichen Businessanzug magisch anzog – sie war es nicht.

Und da endlich stach sie heraus, als ob alle anderen Personen um sie herum nicht mehr existent wären. Sie war schlicht gekleidet, die Figur nicht zu dick und nicht zu dünn, sondern weiblich und wohl geformt, wie ich es liebe. Ihre Hand führte hinter ihren Köper und ich konnte erkennen, dass ein kleiner Junge ihre Hand hielt und sich hinter ihr versteckte, sich hilfesuchend umblickte. Der Lärm, die vielen Menschen schienen ihn zu ängstigen, doch sie blieb stehen, führte die Hand sanft aber bestimmt, so dass der Junge an ihrer Hand vor ihr zum Stehen kam. Sie lächelte ihn an, die Reaktion von ihm konnte ich nicht erkennen. Ich wusste, sie war es.

Zuerst langsam dann immer schneller werdend begab ich mich in ihre Richtung und als ob alle wussten, wo ich hinwollte und hingehörte, schien sich die Menschentraube vor mir zu teilen, so dass ich ungehindert zu ihr vordringen konnte. Ich kniete mich neben den Jungen hin und konnte so fast auf gleicher Höhe in seine weit geöffneten blauen Augen schauen. Ich umarmte ihn und meine Augen füllten sich mit Tränen. Erst jetzt drehte ich mich zu der Frau und sah, wie ihr die Tränen über das Gesicht liefen. Ich erkannte das Gesicht wieder, erinnerte mich kurz an diese eine wilde und intensive Nacht vor vier Jahren. Die Nacht, die eine war von vielen One-Night-Stands, die ich hatte. Doch diese bildhübsche, schüchterne Frau war mir seitdem in Erinnerung geblieben. Nur ohne Nachnamen und ohne Telefonnummer war ein Wiedersehen sehr unwahrscheinlich und ich hatte immer auf den Zufall gehofft, ihr wieder zu begegnen. Und dann der Anruf vor ein paar Wochen. Ich wusste nicht, wie sie es geschafft hatte, mich zu finden, aber es war mir egal – Hauptsache war, sie hatte mich gefunden. Ich drückte ihr einen Kuss auf die Wange. Dann blickte ich wieder voller Vorfreude auf die Zukunft zu meinem Sohn hinunter.

Der Unfall

Endlich war Freitag, Zeit mit meinem Freund in den langersehnten Kurzurlaub aufzubrechen. Ein verlängertes Wochenende in Südtirol war geplant. Die Koffertaschen waren gepackt. Die Motorräder standen bereit. Es lag nur mehr an uns, uns auf die Böcke zu schwingen und das Abenteuer zu beginnen. Ich spürte den Fahrtwind auf der Autobahn, als wir endlich aus der Großstadt München raus waren. Je mehr Kilometer von der stressigen Arbeitswelt hinter mir lagen, desto befreiter fühlte ich mich. Keine Sorgen, keine Probleme, nur die volle Konzentration auf die Beherrschbarkeit meines fahrbaren Untersatzes. Eine Einheit bildend rasten meine Suzuki VX800 und ich die Landstraße entlang. Die Landschaften huschten wie Bildfetzen an mir vorbei. Plötzlich starrten mich zwei Augen am Wegrand an. Ich bewegte mich stur in rasendem Tempo auf die Augen zu. Im Geiste nahm ich Kontakt mit dem Wesen auf und beschwörte das Tier stehenzubleiben.

Innerlich glaubte ich die Gefahr überstanden zu haben, doch im letzten Augenblick setzte das

Tier zum Sprung an und querte meinen Weg. Ich schloss die Augen. Sekunden später donnerte ich gegen den Widerstand, unfähig darauf zu reagieren. Ich war ein Statist in der vorbestimmten Szene. Ich drehte mich mehrmals um mich selbst, das Motorrad schlitterte mit einem Krachen und Kratzen vor mir her. Erst als sich die Drehung langsam einstellte und das Halten nahte, öffnete ich langsam wieder die Augen und starrte in dieses unendliche Blau über mir. Ich bewegte langsam meine Finger und meine Zehen, dann die Arme und Beine. Jede Bewegung glich hunderten Nadelstichen, die meinen Körper malträtierten. In meinen Bewegungen registrierte ich den Asphalt unter mir, unfähig aufzustehen.

„Ein Indianer kennt keinen Schmerz!", hörte ich Mamas Stimme. „Steh auf! Beweg dich! Du musst runter von der Straße!" Wie im Vollrausch murmelte ich leise vor mich hin: „Ich kann nicht. Es tut alles soooo weh! Ich schaffe das nicht", und wieder drang die wütende Stimme in mein Innerstes: „Reiß dich zusammen. Steh endlich auf! Du musst da weg. Ich kann dir nicht helfen. Das musst du alleine schaffen!" Ich hörte den Unterton – das Flehen in ihrer Stimme, das mich erschaudern ließ. Ich spürte die dringliche Notwendigkeit meines Handelns. Ich drehte mich wimmernd auf die Seite wie ein geschundenes Tier und stemmte mich mit all meiner gebündelten Kraft auf alle viere. Ich setzte eine Handfläche, dann ein Knie langsam voreinander und kroch auf allen vieren dem Seitenstreifen entgegen, bis ich endlich völlig erschöpft zusammenbrach, als ich das weiche, zarte Grün des Grases unter mir spürte. Zeitverzögert konnte ich wie in weiter Ferne das Quietschen der Reifen wahrnehmen, bevor ich das Bewusstsein verlor.

Ich blinzelte und wollte langsam die Augen öffnen, doch das allgegenwärtige Weiß blendete mich zu stark. Ich spürte, wie jemand langsam meine Hand drückte, und ich registrierte ein leises Schluchzen. Wieder bemühte ich mich, meine Augen zu öffnen und als es endlich vollbracht war, blickte ich in die liebevollen, tränenfeuchten Augen meines Freundes. „Deine Mama hat angerufen und gefragt, wie es dir geht." Stille erfüllte den Raum. „Ich habe es nicht übers Herz gebracht, ihr deinen Zustand zu schildern, aber sie wusste es. Sie wusste, dass du einen Unfall hattest." Ich lächelte ihn glückselig und in voller Dankbarkeit an. „Sie war da. Sie hat mir

geholfen. Ohne sie wäre ich auf der Straße liegen-
geblieben und das Auto hätte mich überfahren."

1.1 Fazit

Unter dem Motto „Wortspiel, Wortwitz, Wortkunst"
haben wir mehrere kleinere Schreibübungen durchge-
führt. Zum Beispiel: Wie verändern eingesetzte Adjek-
tive einen vorgefertigten Text? Oder Dialogübung
ohne „sagte sie", „entgegnete er" usw. Bei den Übun-
gen entstanden die beiden angeführten Texte. High-
light war die „Lesung" der eigenen Texte vor den
anderen Teilnehmer:innen, mit positivem und konst-
ruktivem Feedback.

Das Wochenende war für mich eine wertvolle
Bereicherung, da ich neben Hera noch andere
einzigartige Menschen kennenlernen durfte. Aus
Schreibersicht habe ich meine Motivation wieder
gefunden und den Glauben an mich zurückgewonnen,
schreiben zu können und meinen Traum zu verfolgen,
ein eigenes Buch zu schreiben. Danke Hera!

An dieser Stelle noch ein Dankeschön an meine drei
Weggefährtinnen des Gefühlsquartetts:
Karin, Gabriele und Susi

Wir vier haben uns bei Hera kennengelernt und sind
seitdem in regem Austausch bzw. treffen uns
regelmäßig.

2. „Kreatives Schreiben" mit Laudius

Die Schreibwerkstatt bei Hera war der Startschuss, mich näher mit dem Thema Schreiben zu beschäftigen. Meine Leidenschaft war aus einer tiefverborgenen Ebene in mir wieder ausgebrochen, sodass ich diese nicht länger ignorieren konnte. Ich wusste, dass meine Texte nicht „fertig" waren, dass am Stil und an einigen anderen Dingen viel Verbesserungsbedarf bestand.

Wie sollte ich hier vorankommen? Also bemühte ich Google, mir bei meinem Problem weiterzuhelfen. Bei meiner Internetrecherche wurde ich fast erschlagen von vielen Unternehmen, die kreative Schreibkurse anbieten. Leider hatte ich in meinem Umfeld zu der Zeit niemanden, der bereits Erfahrungen mit etwaigen Anbietern gemacht hatte, noch jemanden, der sich überhaupt mit dem Schreiben beschäftigte. Daher verglich ich Preis und Leistung im Internet und entschied mich Ende des Jahres 2021 für den Fernlehrgang „Kreatives Schreiben" bei Laudius.

Die Kosten für mich betrugen 900 Euro, weil ich mich bei Laudius.at angemeldet hatte. Schon in den ersten Wochen habe ich von einer Mailgruppe erfahren, dass derselbe Lehrgang über Laudius.de nur die Hälfte gekostet hätte. EU-rechtlich dürfte ein solcher Preisunterschied bei gleicher Leistung nicht sein, aber auf meine Nachfrage hin wurde diese Tatsache herunterge-spielt. Naja, letztendlich wollte ich mich mit dem Unternehmen Laudius nicht streiten, da ich mir vorgenommen hatte, den Kurs durchzuziehen und abzuschließen.

Wenn ich von einer individuellen Betreuung anfangs ausgegangen bin, wurde mir schnell klar, dass aufgrund der Masse an Personen, die diesen Kurs besuchten, eine solche schlichtweg nicht möglich war. Die Rückmeldungen des Lehrers waren größtenteils Textbausteine, die der Lehr-gangsleiter als Feedback nach der Durchsicht der Hausaufgabe dranhängte. Die Benotungen waren durchwegs positiv (wenn alles positiv ist, kann jede:r selbst seine Rückschlüsse ziehen, wie viel dieses Feedback wert ist). Jede:r muss sich das Beste für sich herausholen, um das eigene Ziel zu erreichen. Für mich war das Wichtigste bei dem Kurs, dass ich einzelne Lernhefte hatte, die ich neben meinem sogenannten „Brotberuf" abarbei-ten konnte. Durch die Erledigung der Hausaufgaben blieb ich am Schreiben dran und erhielt viel Hintergrundwissen über Schreibarbeit.

Auf den folgenden Seiten werde ich Ihnen einige der verfassten Texte, die in der Zeit bei Laudius entstanden sind, vorstellen. Rückblickend fällt mir auf, dass die Hausaufgaben das aktuelle Weltgeschehen, oder besser gesagt der Inhalt, das widerspiegeln, was mich zu der Zeit des Entstehens bewegte.

2.1 Kurzgeschichten

Ein ganz besonderer Abend

Sam saß ganz entspannt in seinem bequemen Ohrensessel, hatte die Augen geschlossen und lauschte den sanften Tönen von Sting, die aus dem Lautsprecher seiner Soundmaschine kamen. Nur das Zucken seines linken Augenlides würde einem Außenstehenden verraten, dass er nervös und aufgeregt war.

Das Bildnis von Jasmin entstand vor seinem geistigen Auge. Dieses zerbrechliche Wesen mit ihrer schlanken Figur. Die schwarzen langen Haare, die sie meist offen trug und die ihren Oberkörper bis zur Hälfte verdeckten. Es erregte ihn, sich vorzustellen, diese Haarpracht langsam von ihrem nackten Körper wegzustreichen. Er würde ihr dabei tief in die Augen sehen und er freute sich darauf, wie sich Lust und Begierde bei Jasmin in Angst und Panik wandeln würden. Wenn sich diese Gefühlswandlung in ihrem wunderschönen ebenen Gesicht widerspiegeln würde. Wenn sich ihre blauen Augen weiten und sie den Moment erfassen würde, dass nicht der

Ritter in der weißen Rüstung auf ihr lag, sondern ihr Erlöser, der ihrem langweiligen, nullachtfünfzehn Leben ein Ende setzen würde.

Er lächelte. Er hatte sich wochenlang dieses erste Mal ausgemalt. Er öffnete die Augen, stand auf und betrachtete sich nochmals im Spiegel. Wie gut er nach einem richtigen Kavalier und Gentleman aussah! Dann machte er sich auf den Weg zu Jasmin.

Jasmin hatte den ganzen Tag in der Küche mit Kochen und Wohnungsputz verbracht. Vor zwei Tagen hatte sie allen Mut zusammengenommen und Sam bei einem gemeinsamen Spaziergang für den heutigen Abend eingeladen und er hatte sofort zugesagt. Sie traf sich mit ihm schon nunmehr fünf Wochen. Sie hatten gemeinsame Spaziergänge unternommen, waren ins Kino gegangen, hatten mehrere Dates zum Abendessen vereinbart und stets hatte er sie nach Hause begleitet und sich mit einem Kuss vor dem Hauseingang verabschiedet.

Diese Zurückhaltung hatte ihr imponiert. Bisher hatte sie nur Männer kennengelernt, die vorpreschten, um so schnell wie möglich zum Ziel zu gelangen, nämlich sie ins Bett zu bekommen. Sam war da ganz anders, aber heute Nacht sollte sich ihr Beziehungsstatus ändern und sie wollte sich und ihm den Wunsch nach dem ersten Mal mit hoffentlich viel Sex erfüllen. Sie schmunzelte und spürte ein Kribbeln im ganzen Körper.

Es läutete. Sie drückte den Türöffner und sie hörte, wie sich die Hauseingangstüre knarzend bewegte. Sie schrie hinunter „dritter Stock" und hörte, wie Sam begann, die Stiegen zu ihr hinaufzueilen. Als er in ihr Blickfeld kam, war sie etwas überrascht, denn so schick angezogen kannte sie ihn gar nicht. Sie deutete seine Aufmachung dahingehend, dass er das gleiche Ziel wie sie verfolgte. Er kam auf sie zu, umarmte sie stürmisch und küsste sie. Dieses Mal war es nicht ein flüchtiger Kuss auf den Mund, sondern ein langer, leidenschaftlicher Kuss, dass ihr ganz schwindlig wurde. Der Abend begann schon vielversprechend, dachte sie.

Jasmin eilte in die Küche, während Sam seinen Mantel ablegte und fein säuberlich auf die Garderobe hängte. Sam folgte ihr und beobachtete sie. Er konnte es kaum noch erwarten, bis der richtige Zeitpunkt nach dem Essen, wenn sie sich ins Schlafzimmer verziehen würden, gekommen war. Bis dahin musste er den liebevollen Freund spielen, was ihm aber bei Jasmin nicht schwerfiel. Sie war bezaubernd naiv und ihr Äußeres sprach ihn auch an. Er ging zu ihr, stellte sich hinter sie, strich ihre Haare auf die Seite, so dass ihr Nacken frei lag, und küsste sie langsam und zärtlich auf den Hals und auf die Schultern. Sie lachte laut auf. „Mensch, Sam! Was ist heute denn mit dir los? Nicht so stürmisch, du kommst schon zum Ziel – aber lass uns erstmal essen und ein Glas Wein trinken. Mach dich nützlich und öffne den Rotwein, der auf dem Küchentisch steht." Wieder lachte sie leise. Sam wandte sich von ihr ab und dachte: „Ja, Jasmin, heute komme ich zum Ziel, und ich kann es kaum noch erwarten. Nur mein Ziel ist ein anderes als deines."

Er öffnete den Rotwein, trug ihn ins Wohnzimmer und setzte sich erwartungsvoll an den Tisch. Nachdem Jasmin das Backhendl mit Petersilienkartoffeln und Salat serviert hatte, plauderte sie in einer Tour ohne Punkt und Komma. Sam war es nur schwer möglich ihr zu folgen. Er konzentrierte sich aber darauf, im richtigen Moment zu nicken, ihr zuzustimmen oder kurz zu antworten. Das Abendessen zog sich wie ein Kaugummi und die Situation war schwer erträglich für ihn. Am liebsten wäre Sam zu Jasmin rübergesprungen, hätte sie ins Schlafzimmer gezerrt und mit seiner Arbeit in dem Moment begonnen, wenn Jasmin in vollster Vorfreude auf seinen Einsatz wartete. Aber er musste sich in Geduld üben. Nur noch wenige Minuten und er hörte eine innere Uhr „tick tack, tick tack…", denn Jasmins Zeit lief ab, lang würde sie nicht mehr auf dieser Erde verweilen. Endlich war das Essen zu Ende, Jasmin stand auf und ging zu ihm, kniete sich vor ihm hin und öffnete seine Hose. Sam war überrascht. Kein Vorspiel, kein Um-den heißen-Brei-Herumreden?

Jasmin ging in die Offensive und es war eindeutig, was sie von ihm erwartete. So wollte er das aber nicht. Er spürte seine Erregung, aber so weit durfte es nicht kommen. Er wusste, dass er über die DNA in seinem Sperma überführt werden könnte. Er hatte sich heute Nachmittag seine Fingerkuppen mit Wachs überzogen, so dass er keine Fingerabdrücke in Jasmins Wohnung hinterlassen würde. So ein dummer Fehler, wie seiner körperlichen Begierde nachzugeben, würde ihm nicht unterlaufen. Er nahm Jasmin bei den Händen und half ihr auf die Beine „Komm schon, wo ist dein Schlafzimmer? Lass mich dich beim ersten Mal richtig verwöhnen", hauchte er ihr ins Ohr. Jasmin antwortete nicht, zeigte jedoch auf die Tür links hinten im Raum. Er hob sie in seine Arme und schritt auf das Schlafzimmer zu. „Gleich wird es soweit sein!", dachte er und konnte sein Verlangen nach geistiger Erfüllung kaum noch im Zaum halten.

Gerade als sich Jasmin vor ihm entblößte, sie in ihrer nackten Vollkommenheit vor ihm stand und er den Moment als gekommen sah, endlich sein wahres ICH zu zeigen, läutete es an der Türe. „Scheiße", durchfuhr es ihm und der Moment war vorbei.

Corona

Nach einem Jahr der erste Tag in Freiheit, bewaffnet mit Mund-Nasen-Schutz als Verteidigung gegen den Feind – das Coronavirus.

Zögernd setzt er den Fuß über die Türschwelle und erwartet, dass ihn eine Menschenmasse niederwalzt, aber nach einem Blick nach rechts und nach links erkennt er, dass die Getreidegasse, als Salzburger Fußgängerzone weltberühmt, leer ist. Gespenstisch, wie ausgestorben. Staunend und ungläubig setzt er sich langsam in Bewegung und entsetzt schaut er auf die verbarrikadierten Läden, die zersprungenen und eingeschlagenen Schaufenster, die Schilder mit den Aufschriften „geschlossen" „Geschäftsaufgabe". Vereinzelt huschen Gestalten in der Ferne den Häuserfronten entlang und verschwinden wieder. Er nimmt den Mund-Nasen-Schutz ab, denn er begegnet weder Feind noch Freund, bei denen er die Regeln, wie Abstand halten und Maske tragen, befolgen muss.

Der Feind, das Coronavirus, scheint besiegt, aber der Spaziergang macht ihn traurig und erfreut ihn nicht. Niemand ist hier, vor dem er sich schützen muss. Er fühlt sich einsam und verlassen. Er dreht um. Er setzt sich wieder in seinen bequemen Fernsehsessel, wie er es das letzte Jahr jeden Tag gemacht hat, und schaltet seine Lieblingsserie ein.

Das ist seine Familie, das sind seine Freunde – wer braucht schon die da draußen? Hier kann ihm nichts passieren, hier braucht er keine Angst vor Ansteckung zu haben. Friedlich schläft er ein. Stille. Niemand bemerkt, dass sein Herz aufhört zu schlagen.

Spiel mit dem Feuer

Ich habe mich in mein kleines privates Kämmerlein zurückgezogen. Hier gehe ich meiner Passion nach, dem energetischen Arbeiten wie Heilen mit Zahlen und Symbolen. Hätte mir jemand vor zehn Jahren gesagt, dass ich in der Zukunft mit einer Einhandrute mich und andere heilen werde beziehungsweise Lebenshilfe und -unterstützung geben würde, hätte ich lauthals zu lachen angefangen und hätte mich nur schwer beruhigt.

Ich, die als Immobilienmaklerin mit beiden Beinen fest im Leben stand und die im Kapitalismus und Realismus seit Kindestagen an verhaftet und gefangen war. Und doch kam alles anders, als sich eine Freundin vor drei Jahren auf diesen Weg begab und ich spaßeshalber einen Einhandrutenkurs mit ihr besuchte. Ich war fasziniert, dass all das Wissen, all diese Kraft in mir und in jedem Einzelnen steckt. Ich war froh, diesen Teil in mir entdecken zu können.

Natürlich passte diese Seite nicht zu der taffen Immobilienmaklerin und so verschwieg ich mein Wissen und mein Können vielen Mitmenschen gegenüber. Diese Gabe kann aber auch tückisch und verführerisch sein und so sitze ich hier, weil ich nach all den „guten" Taten mir die Energetik zu nutzen machen möchte, um etwas „Böses" zu tun.

Ich habe natürlich viel über Hexen gelesen und deren Schicksale, wenn sie der schwarzen Magie verfallen waren. Trotzdem, nach langem Zögern und Hadern mit mir selbst, habe ich mich entschlossen, diesen Schritt zu wagen. Ich werde mir das Leben dadurch erleichtern, dass eine bestimmte Person alsbald nicht mehr unter den Lebenden weilen wird. Allein dieser Gedanke lässt mich erschaudern und zeichnet eine Gänsehaut auf meine Arme. Langsam bewege ich meinen Kopf vorsichtig hin und her, was leicht paranoid ist, denn es ist niemand hier bei mir im Kämmerlein.

Ich habe mir ein Hexagramm auf eine DIN-A3-Seite gezeichnet. In der Mitte habe ich eine Kerze angezündet. Es schleichen sich Gedanken in mein Gehirn, ob ich hier schon das Richtige tue, und diese wollen mich zur Umkehr bewegen. Doch wie lästige Fliegen schüttle ich diese ab. Ich habe mich wochenlang mit dem Für und Wider herumgeschlagen, mich letztendlich dafür entschieden es zu tun. Ich bin eine Frau, die Taten folgen lässt. Ich atme tief ein, gehe in mich, beschwöre die energetischen Wellen des Lebens, flehe alle Wesen auf dieser Erde an, mir beizustehen, und dann beginne ich, die manchmal in mir schon formulierten Gedanken laut auszusprechen. Dabei starre ich auf das Hexagramm, an dessen jeweiligen Spitzen ich die Worte bereits aufgeschrieben habe: JOE – BRUDER – KREBS – UNHEILBAR –

KEINE HILFE – TOD. Mein Wunsch, mein Eigennutz, schießt es mir durch den Kopf. Nachdem ich das letzte Wort „TOD" laut ausgesprochen habe, erlischt die Flamme.

Ich sitze nunmehr im Dunkeln, Angst keimt in mir auf und lässt mich am ganzen Körper zittern. Und dann, nach einem Bruchteil einer Sekunde sehe ich in eine unheimliche Fratze, die an der Stelle des Kerzenlichtes erscheint. Entsetzt starre ich sie an. Sie schreit mir entgegen: „Willkommen in der Welt des Bösen. Dein Wunsch wird in naher Zukunft in Erfüllung gehen. Dafür gehörst du jetzt zu uns und wirst dich uns unterordnen und nach unseren Regeln weiterleben. Deine Gabe gehört jetzt uns und du wirst sie ausschließlich zukünftig für uns einsetzen." Die Fratze verschwindet.

Ich sitze weiterhin im Stockdunkeln. Hatte ich mir das jetzt nur eingebildet? Nichts deutete darauf hin, dass sich die Fratze nochmals zeigen würde, dass diese real war. Doch mein Innerstes weiß es! Ich habe etwas Furchtbares getan, gegen ein ungeschriebenes Gesetz verstoßen. Die Konsequenzen werde ich dafür tragen müssen. Jeder Teil meines Körpers fühlt und spürt es und jeder Pulsschlag hämmert es mir ins Bewusstsein, dass ich diese böse lachende Fratze nicht das letzte Mal gesehen habe. Das Licht der Kerze brennt wieder. Es scheint alles so wie immer, doch es ist nichts wie zuvor.

Unerwarteter Besuch

Dana und Marc hatten es sich so auf dem breiten Sofa vor dem großen Fernseher so richtig gemütlich gemacht. Endlich wieder einmal ein Abend nur zu zweit. Das war wegen des Dauerstresses in der Arbeit einfach viel zu selten. Nach anstrengenden Arbeitstagen war keinem von beiden nach langen Fernsehabenden zumute, sondern da ging es nach dem Abendessen ab ins Bett, um am nächsten Tag wieder fit zu sein. Doch heute Abend war ihr Jahrestag, den wollten sie gebührend feiern und das Kostbarste, was sie hatten, nämlich Zeit, miteinander verbringen.

Kurz nach Beginn des Spielfilms „Dirty Dancing", Danas Lieblingsfilm, läutete es. Marc seufzte. Dana blickte ihn irritiert an. „Erwartest du noch jemanden?" Er schüttelte den Kopf. „Soll ich überhaupt hingehen? Wir wollen doch heute keine Störung. Wer immer es ist, es gibt heute nichts Wichtigeres als uns!" Sie rührte sich nicht vom Fleck. Wieder ein Läuten, diesmal lang und mehrmals hintereinander. Derjenige, der an der Tür war, war ziemlich penetrant.

Dana sprang auf „Ja, verdammt nochmal! Ja, ich komme schon". Innerlich kochte sie vor

Wut über die ungebetene Person vor der Tür. Sie riss die Tür auf. „Was wollen Sie denn?", brüllte sie der Person entgegen und verstummte zugleich, als sie die Person erkannte. „Daniel?", fragte sie zögerlich, „was machst du denn hier?" Ungläubig starrte sie ihn an. Vom Wohnzimmer aus hörte sie Marc rufen: „Wer ist es denn? Kommst du?" „Einen Moment", versuchte sie die Situation zu erfassen. Da stand tatsächlich Daniel vor der Tür, ihr Ex-Freund, der vor zwei Jahren von einem Tag auf den anderen verschwunden war. Er ging morgens aus dem Haus und kehrte nicht mehr zurück. Kein Wort des Abschieds, weder bei seiner Familie noch bei ihr. Nach etlichen Wochen waren alle davon überzeugt gewesen, dass er das Opfer eines Verbrechens geworden war oder Selbstmord begangen hatte oder irgendwo verunfallt war.

Nach Monaten hatte sie der Tatsache ins Auge sehen müssen, dass sie ein Leben ohne ihn weiterführen musste. Die Zeit war hart gewesen. Es dauerte eine gefühlte Ewigkeit, bis sie sich wieder im Alltag zurechtfand, bis sie nicht mehr jede Minute über sein Schicksal nachdachte und mit dem ihren haderte. Die Person vor ihr hatte immer noch keinen Laut von sich gegeben.

„Daniel? Was machst du hier? Was willst du? Woher weißt du, wo ich wohne?"

Marc war mittlerweile zu ihr gekommen, da es ihm komisch vorkam, dass Dana nicht wieder ins Wohnzimmer zurückkehrte. Marc schaute zwischen Dana und der Person vor der Tür hin und her. Er konnte Danas Aufruhr sehen, die vielen Fragezeichen, die sich in ihrem Gesicht widerspiegelten. Er zögerte, dann stellte er die Frage „Wer sind Sie?" Der Fremde antwortete leise und zögerlich: „Ich bin Danas Freund, Daniel, und wer sind Sie?" Marc öffnete den Mund und dachte, was ist das denn für ein Spinner? Steht vor unserer Haustüre und gibt so einen Schwachsinn von sich. „Danas Freund?" Ungläubig starrte er Dana an. Er erwartete, dass sie die Situation aufklärte, doch sie stand mit offenem Mund vollkommen reglos da. Die Szene war bizarr. Sie alle standen minutenlang, wie versteinert, am Hauseingang und schwiegen. „Dana, ich weiß nicht, was hier los ist, aber willst du mich nicht endlich hineinbitten?" Anstatt den Mann vor der Tür zurechtzuweisen, sah Marc, wie Dana eine Handbewegung machte. Die Aufforderung, dem fremden Mann gegenüber, in ihr Haus hereinzukommen. Ohne zu zögern, trat der ihm

44

unbekannte Mann ein. Dieser öffnete die Arme, fiel Dana um den Hals, sein ganzer Körper bebte und zitterte. „Wie habe ich dich vermisst, mein Liebling." Danas Hände hingen schlaff hinunter, sie war vollkommen überfordert mit dem Auftauchen dieses Mannes, der einst ihre große Liebe gewesen war.

Lästige Nachbarn

Ludwig stapfte hinaus aus dem Haus quer durch den Garten und schrie: „Hey, Sie da!" Der Kopf der Frau drehte sich zu ihm um: „Ja, Herr Müller. Was gibt es denn?" Ihr Lächeln und ihre ruhige Stimme konnten ihn nicht beruhigen. „Sagen Sie mal, kann Ihre Göre nicht etwas Rücksicht auf einen alten Mann nehmen? Muss sie beim Spielen – und das schon seit über zwei Stunden – immer hysterisch herumschreien?" „Mama … Mama", äffte er die Siebenjährige nach. Zornesfalten zierten seine Stirn und sein Kopf war hochrot.

„Lieber Herr Müller. Es tut mir furchtbar leid, wenn Sie sich durch Isabella gestört fühlen. Ich weiß, wir leben hier noch nicht so lange. Aber wir haben dieses Haus mit dem schönen Garten ausgesucht, damit sich unser Kind hier frei entfalten kann. Und, auch das tut mir leid, es liegt nun mal in der Natur eines Kindes zu spielen. Das dabei Lärm entsteht, ist unausweichlich." Sie ging von der Wäschespinne hinüber zum Zaun, um Auge in Auge mit dem Sturkopf zu reden.

„Gegen das Spielen von Kindern habe ich auch nichts. Nur gegen dieses Geschrei und den Lärm, der dadurch entsteht. Ich will in Ruhe auf meiner Terrasse sitzen und die Zeitung lesen. Das kann ich aber nicht, wenn Ihre Tochter in einer Tour nach Ihnen ruft und das in einer Lautstärke und in einer Tonlage, die meine Gehörgänge schmerzen.

Dieser Schmerz wiederum löst Kopfschmerzen aus. Wenn ich mich dann so fühle, hat mir Ihre Tochter den Tag versaut, übrigens geht das schon seit Tagen so. Ich habe die Schnauze voll davon. Ich will meine Ruhe!" Um seinen Worten Nachdruck zu verleihen, schlug er mit seiner Faust auf den Zaun. Etwas brüskiert blickte sie drein, die Mutter, die sich besser um ihr Kind kümmern sollte. Sie machte den Mund kurz auf, als wollte sie etwas erwidern, entschloss sich dann aber kurzfristig, diesen wieder zu schließen und sich ohne ein weiteres Wort umzudrehen. „Isabella", rief sie, „Isabella, komm, lass uns ins Haus gehen. Es wird Zeit Mittag zu essen. Nach der Mittagsruhe gegen zwei kannst du wieder in den Garten."

Sie schüttelte den Kopf. So sorgfältig hatten sie dieses Häuschen ausgesucht, um ihr Familienleben genießen zu können. Wirklich alles hatten sie bedacht. Sie haben sich die Umgebung angesehen. Die Wegstrecke zur Autobahnanbindung war entscheidend, weil Kurt täglich in die Arbeit nach Ingolstadt fahren musste. Das Dorf hatte einen kleinen Supermarkt, in dem man die wichtigsten Artikel für den täglichen Bedarf bekam. Zum monatlichen Großeinkauf fuhr sie dann in die Stadt. Der Garten war für die Tochter perfekt. Nur eines hatten sie nicht einkalkulieren können, dass sich jemand durch sie bzw. ihre Tochter gestört fühlen könnte. Diesen alten Kauz hatten sie nicht auf dem Schirm gehabt. Sie musste den Alten weichkochen, ansonsten würden die nächsten Jahre die Hölle auf Erden werden. Als Göre hatte er Isabella betitelt. Eigentlich eine Frechheit.

Wie sollten sie mit diesem Menschen ins Einvernehmen kommen? Sie würde am Abend mit ihrem Mann sprechen müssen und gemeinsam würden sie einen Plan entwickeln.

Ludwig blickte ihr hinterher. So hatte ihn noch nie jemand stehen lassen. Was bildete sich diese Tussi ein? Gott sei Dank hatte sie die Göre gleich zu sich gerufen und die beiden hatten sich ins Haus verzogen. Endlich würde er seine Ruhe haben, auch wenn es vielleicht nur zwei Stunden wären. Leider konnte man sich seine Nachbarn nicht aussuchen. Als Hans und Elke letztes Jahr verstorben waren, war klar, dass deren Sohn so schnell wie möglich das Haus verkaufen würde. Man hat als Nachbar kein Mitspracherecht beim Verkauf. Er hätte sich ein älteres Ehepaar ohne Kinder gewünscht. Dann wäre alles beim Alten geblieben und hier würde Ruhe und Ordnung herrschen. Er drehte sich um und stapfte grummelnd zurück zu seiner Terrasse. Wie konnte er diese Familie zum Auszug bewegen? Ihm würde schon was einfallen. Ein Lächeln zauberte sich auf sein Gesicht und kurz darauf nickte er glücklich und zufrieden ein.

Der Blaubeermuffin

Schlaftrunken tapse ich in die Küche. Mein Magen knurrt. Seitdem ich meine Augen geöffnet habe, sehe ich einen leckeren Heidelbeermuffin vor meinem inneren Auge, den ich mir gleich einverleiben werde. Ich weiß, das sollte ich nicht tun, denn so ist mein wohlgeformter Körper in den letzten Jahren entstanden. Mir läuft aber schon das Wasser im Munde zusammen. Zielsicher greife ich nach dem Muffin in meiner Süßigkeitenschublade. Der wird gleich direkt bei mir im Mund landen.

Plötzlich höre ich ein „Hallo". Vor Schreck lasse ich den Muffin fallen, der auf der Küchentheke zum Liegen kommt. Ich seh mich um – keiner da. Ich will nach dem Muffin greifen und wieder höre ich das „Hallo". Der Muffin bewegt sich. Meine Augen weiten sich und ich gehe mit meinem Gesicht näher ran und sehe aus dem Ding zwei Ärmchen und Beinchen hervorragen und mir starren zwei Heidelbeerglubschaugen entgegen. Ungläubig blinzle ich mit meinen Augen. „Spinnst du? Wolltest du mich essen?" Ich kratze mir am Kopf und antworte: „Tja, das macht man so mit Heidelbeermuffins." „Wieso?" „Was wieso?" „Wieso willst du mich essen?" „Weil ich öfters nachts einen Heißhunger auf Muffins habe!" „Du willst mich nur essen, weil ich klein bin. Weil du meinst, du bist mir überlegen." „Ich will dich essen, weil du ein Heidelbeermuffin bist." „Was ist, wenn du der Heidelbeermuffin bist? Kann ich dich dann essen?" „Spinnst du? Ich bin ein Mensch und kein Heidelbeermuffin!"

Ich runzle die Stirn. Werde ich verrückt? Ich sitze in meiner Küche und rede mit einem Muffin. Langsam sehe ich mich um und erwarte, dass gleich jemand zur Küche reinhüpft und „Versteckte Kamera" ruft. Stattdessen macht es einen Knall und ein Riesen-Heidelbeermuffin sitzt auf meiner Küchentheke. Auge in Heidelbeere starren wir uns an. „Willst mich jetzt immer noch essen?" „Das schaff ich nicht!" „Und was ist, wenn ich dich jetzt esse?" „Wieso?" „Wieso? Ich hab Lust drauf. Möchte wissen, wie ein Heidelbeermuffin schmeckt." „Ich bin aber kein Heidelbeermuffin!" „Egal, will trotzdem ausprobieren, wie du schmeckst!"

Plötzlich klappt der Muffin auseinander und ich schaue in einen geöffneten Schlund, der nach mir schnappen will. Es gibt einen lauten Knall, den Muffin zerreißt es.

Ich mache die Augen auf und sitze im Behandlungsstuhl der Hypnotiseurin, die mich lächelnd anblickt. Sie greift in die rechte Schublade und reicht mir einen Heidelbeermuffin. Ich springe auf und laufe schreiend aus der Praxis.

Die Hypnotiseurin packt sich den Muffin und steckt ihn in den Mund. „Immer wieder toll, wie meine Therapie funktioniert. Die fette Kuh rührt keinen mehr von meinen Lieblingsmuffins an", denkt sie sich und schmatzt ganz laut.

2.2 Diverse Genres

Der Reim: Die Prüfung

Grübel, grübel und studier,
wer ist der Kandidat vor mir?
Hab ich das Gesicht nicht schon einmal gesehen,
in einer Vorlesung oder im Gang beim
Vorübergehen?
Im Moment fällt´s mir zwar nicht ein,
doch dies sollt sein Nachteil nicht sein.
Kurz geschaut, was hat er schon?
Auf ein Schmunzeln folgt Spott und Hohn.
Das hat er nicht,
und jenes hat er nicht,
was will der von mir eigentlich?
Die Prüfung geht dann schnell vor sich,
denn können tut er nichts, dieser Wicht!
Es tut mir leid, nicht bestanden,
von der Materie haben Sie kaum was verstanden!
Der Prüfling dreht sich ratlos um,
vernimmt die Worte des Meisters stumm.
Der Nächste bitte, kommen Sie nur rein,
und schon beginnt von vorn der Reim.
Grübel, grübel und studier …

Gedicht: Mein schönster Tag

Die Beziehung mit dir war wie ein Tag!
Der Morgen war prickelnd und aufregend,
weil etwas Neues begann.
Gegen Mittag war die Leidenschaft am stärksten,
wie auch die Sonne zu Mittag
am wärmsten und freundlichsten strahlt.
Am Nachmittag zogen die ersten Gewitterwolken
auf, doch sie schienen sich wieder zu verziehen.
Die Abenddämmerung brach ein,
und es wurde immer dunkler.
Wie man in der Nacht kaum die Hand vor seinen
Augen sieht,
nahmst auch du nur noch meine Umrisse wahr.
In der Ferne am Himmel entdecktest du einen
wundervoll leuchtenden Stern,
und mein Glanz verblasste in seiner Gegenwart.
Nun ist es Nacht, und mir ist kalt,
denn du bist fortgezogen zu deinem Stern.
Die Hoffnung deiner Rückkehr blieb bis
Mitternacht, und nun weine ich,
weil der schönste Tag meines Lebens
endgültig vorüberging.

Fabel/Märchen:

Klimakleber mal anders

Nur die Waldbeerenbrücke verbindet Niedrichsheim mit Oberheim. Auf dieser Brücke sitzen ein Esel, ein Hahn und eine Gans, die Füße festgeklebt am Straßenbeton. Daher bildet sich eine lange Schlange von Tieren, die die Brücke überqueren wollen. Der Bär steht heute als Erster vor der Brücke. Langsam trottet er zu den dreien. Zu dem Esel meint er: „Bist du nicht derjenige, der vor Kurzem mit dem Flugzeug als Privatperson in den Urlaub nach Bali geflogen ist?" Schnippisch entgegnet der Esel: „Das hat nichts hiermit zu tun, das war mein anderes Ich." Provokant hält er sein Plakat „100 km/h auf Autobahnen reicht" hoch. Der Bär runzelt die Stirn: „Soviel ich weiß, haben Flugzeuge mit Probellerturbinen als Antrieb eine Höchstgeschwindigkeit von 400 bis 550 km/h. Willst du die Geschwindigkeit der Flugzeuge auch auf 100 km/h reduzieren?" „Das ist ja gar nicht möglich, dann würde man ja nicht mehr weite Strecken zurücklegen können", meint der Esel und schüttelt seine Mähne. „Ich bin noch nie mit dem Flugzeug in den Urlaub geflogen. Ich fahr jeden Tag über diese Brücke in meine Arbeit. Ein bis zweimal im Jahr mit dem Auto, meine Familie im Gepäck, in den wohlverdienten Urlaub nach Kroatien oder Italien. Wer von uns beiden hat den CO_2-neutralen Fußabdruck? Und trotzdem blockierst du meine Brücke. Wegen dir komme ich zu spät zur Arbeit. Warum glaubst du, dass du das Recht hast, uns anderen Tieren deinen Willen aufzudrücken?" Der Esel schaut den Bären etwas irritiert an. „Hier geht es nicht um dich bzw. um euch alle! Mit der Sitzblockade werden wir Maßnahmen der Regierungen gegen die Klimakrise erzwingen." Endlich kommt der Kranich herbeigeflogen. Er will keinen Dialog mit den Klimaklebern, sondern handelt im Sinne des Systems. Mittels vieler Helfer löst er die Verklebung der Aktivisten. Der Stau löst sich auf, alle Tiere können ihrem Ansinnen nachgehen. Der Bär fährt zur Arbeit.

Drei Wochen später sitzen ein Esel, ein Hahn und eine Gans mit ihren Gliedmaßen angeklebt auf der Waldbeerenbrücke zwischen Niedrichsheim und Oberheim. Dieses Mal steht der Fuchs an erster Stelle vor der Brücke und geht auf die drei zu. Zum Hahn meint er: „Bist du nicht derjenige, der seine Arbeit als Informatiker aufgegeben hat, um Klimaaktivist sein zu können?" „Das tut hier gar nichts zur Sache", pflaumt der Hahn den Fuchs an. „Wir machen euch alle auf den notwendigen Klimaschutz aufmerksam. Die Regierung tut ja diesbezüglich nichts." „Meine Tochter sitzt da hinten im Fahrzeug. Die muss um 7:45 Uhr in der Schule sein. Und im Anschluss fahr ich zur Arbeit. Ich bin nämlich einer der vielen, die so dumm sind und täglich ihre Brötchen verdienen. Mittlerweile verdiene ich allerdings nicht nur das Geld, um meine Familie zu ernähren und damit wir uns was leisten können. Nein, mittlerweile muss ich auch solche Spinner wie dich mitfinanzieren!" Der Hahn schaut verdutzt: „Wie meinst du denn das? Ich bekomme Arbeitslosengeld vom AMS. Was hat denn das mit dir zu tun? Ich habe schon so viele Jahre gearbeitet, der Staat kann mich ruhig mal unterstützen! Unsere Demonstrationen sind wichtig für die Allgemeinheit!" „Der Staat sind wir alle, die wir hier stehen und von dir an der Erledigung unserer Pflichten und Arbeit gehindert werden!", entgegnet der Fuchs. „Wer gibt dir das Recht, uns arbeitendem Volk den Weg zu versperren und uns euren Willen aufdrängen zu wollen?" Der Hahn schaut schockiert, wird allerdings an einer Antwort gehindert, da der Kranich wieder seine Arbeit verrichtet und die Blockade auflöst.

Wieder drei Wochen später sitzen ein Esel, ein Hahn und eine Gans auf der Waldbeerenbrücke zwischen Niedrichsheim und Oberheim. Anstatt dass sich eine Tierschlange an den beiden Ufern bildet, können die drei, die wieder angeklebt am Boden sitzen, nur eine große Geschäftigkeit neben der Brücke wahrnehmen. Nach einer Stunde kommt der Löwe auf die drei zu. Aufgeregt plappern die drei durcheinander: „Was geht hier vor? Warum befreit uns denn niemand? Ich muss mal aufs Klo …" Der Löwe brüllt sie an: „Seid still!", und dreht seinen Kopf zur Gans: „Was meinst du, was ihr mit euren Aktionen bisher bewirkt habt?" Die Gans grinst. „Wir haben mit unseren Blockaden und unseren kreativen Aktionen viel Aufmerksamkeit erregt. Jeder kennt uns. Jeder spricht über uns. Wir schaffen es, dass der Allgemeinheit bewusst wird, dass wir etwas für das Klima tun und unser Verhalten ändern müssen." „Halt den Schnabel, du dumme Gans!", brüllt der Löwe. „Ja, jeder spricht über euch, aber die meisten nichts Gutes! Mit euren Aktionen stört ihr das gemeine Volk. Bei den

Politikern erreicht ihr kaum was, oder hat sich da schon etwas geändert?" Der Bär und der Fuchs gesellen sich zu dem Löwen. Alle drei grinsen. „Während ihr eure Blockaden und Aktionen geplant habt, waren wir nicht untätig. Wir können euch nicht daran hindern, euch auf unsere Brücke zu setzen. Aus diesem Grund haben wir eine Behelfsbrücke gebaut, die wir in einer Stunde auf- und abbauen können. Jetzt könnt ihr so lange wie ihr wollt protestieren." Laut lachend entfernen sie sich. Der Kranich kommt herbeigeflogen. Er runzelt die Stirn, als er sieht, dass alle Tiere die Behelfsbrücke queren und niemand die Klimakleber mehr beachtet. Insofern ist sein Einschreiten nicht erforderlich, so dass der Esel, der Hahn und die Gans auf dem Beton kleben bleiben. Selbst das Schreien, das Flehen und das Schluchzen der Aktivisten helfen nichts. Sie können endlich ihre Aktion ungestört – zur Schadenfreude aller – verrichten.

Rezension: Vier minus drei

Das Buch „Vier minus Drei" beginnt mit einem Paukenschlag: dem Unfall, der überhaupt Ursache und Grund für die Entstehung dieses Buches ist. Die Gleichung ist simpel: aus einer vierköpfigen glücklichen Familie wird von einer Sekunde auf die andere, von einem Moment auf den anderen ein Kopf, ein Körper, eine trauernde Witwe. Frau Pachl-Eberhart erzählt eindrucksvoll von diesem Ereignis, welches zum Unfallzeitpunkt Gegenwart war und mit jeder Seite des Buches Vergangenheit wird. Sie lässt den Leser mit einer Offenheit und Ehrlichkeit an ihren Gefühlen teilhaben und gibt einen Einblick nicht nur in ihren Trauerprozess, sondern auch in ihre Lebenseinstellung. Sie schildert ihren Weg durch die Tage, Wochen und Monate nach dem Unfall. Der Überlebenskampf der Autorin beginnt mit dem Ereignis, und obwohl ihr Glaube an Gott und an das Schicksal Kraft gibt, ist es notwendig, langsam und mit Bedacht, einen Schritt nach dem anderen zu setzen: „Einatmen – Ausatmen". Trotzdem ist die Sehnsucht nach Vereinigung mit ihren Lieben omnipräsent und immer wieder versucht diese, die Oberhand zu gewinnen, so dass die Gedanken an das Sterben verbunden mit der Auseinandersetzung Selbstmord zu begehen, um ihre unsichtbare Familie wieder sehen zu dürfen, in vielen Momenten ihres Alltags bestimmend sind und sie dem Abgrund „dem schwarzen Loch" näherbringen.

Bewundernswert ist ihr Umgang mit dem Schicksal: „Was wäre wenn ...." ist nicht Bestandteil ihrer Denkweise, sondern „Es ist, was es ist. Es ist gut, wie es ist, denn es konnte nicht anders sein." Insofern hat keiner „Schuld" an dem Unfall und sie kann mit ihrem toten Ehemann und ihren beiden toten Kindern in Dankbarkeit und Liebe die schwerste Zeit ihres Lebens durchstehen und hinter sich lassen. Ihre drei Engel sind immer bei ihr und beschützen sie. Ihre Familie ist Vergangenheit, jedoch allgegenwärtig in der Gegenwart und in der Zukunft. Vergangenheit und Gegenwart müssen die Berechtigung haben, nebeneinander als ein Teil von ihr zu existieren.

Diese Einstellung ermöglicht es, sich nach Monaten des Rückzugs und der Isolation wieder ihren Mitmenschen zu öffnen und sogar oder gerade deswegen einer neuen Liebe zu begegnen. Um dies möglich zu machen, geht sie ungewöhnliche Wege und konfrontiert den Leser mit „Familienstellen und Wahrsagern" sowie mit Literatur über Nahtod-Erlebnisse, Trauerprozess und Parapsychologie. Alles, was ihr nicht geschadet hat und ihr guttat, war erlaubt und half, das Schicksal anzunehmen. Sie wollte nach Wochen der „Opferrolle" wieder selbstbestimmend in die Zukunft blicken, musste sich jedoch eingestehen, dass der Alltag für sie kaum zu bewältigen ist.

Erst da wurde ihr klar, wie viele Rollen ihr Mann in ihrem Leben eingenommen hatte. Er war Geliebter, Ehemann, Lebenspartner und Seelenfreund vereint in einer Person. Seinen Beitrag zu dem glücklichen Familienleben hat er ohne große Worte geleistet, als „Macher", so dass Holz hacken, Rasen mähen, handwerkliche Tätigkeiten schnellstens erledigt wurden. Alleine als Frau wurden diese Aufgaben zu unvorstellbaren Problemen. Sie musste lernen, Hilfe anzunehmen: von Fremden, von Freunden und von der Familie.

Sie lernte zu akzeptieren, dass in diesem Lebensabschnitt das Geben und Nehmen in einem Ungleichgewicht stehen und dass diese Tatsache in dieser Ausnahmesituation in Ordnung ist.

Das Buch schildert einen Weg, einen Ausschnitt des Lebensweges der Autorin. Die klare und gleichzeitig simple Botschaft dieses Buches ist, dass jeder Mensch anders trauert und es kein richtig oder falsch gibt. Jeder verarbeitet den Verlust von geliebten Menschen anders, allerdings kann jeder seine eigene Zukunft gestalten und vor allem mit positivem Denken beziehungsweise positiven Gedanken beeinflussen. Das Leben ist lebenswert!

Titel: *Vier minus drei*
Untertitel: *Wie ich nach dem Verlust*
          meiner Familie zu einem neuen Leben fand
Autorin: *Barbara Pachl-Eberhart*
Verlag: *Integral Verlag*
          Verlagsgruppe Randome House GmbH
ISBN: *978-3-7787-9217-9*

Rezension: Kuckucksnest

Hera Lind hat in ihrem Tatsachenroman ein sensibles Thema in unserer Gesellschaft aufgegriffen. An der Erkenntnis, keine eigenen Kinder bekommen zu können, zerbrechen viele Frauen in der heutigen Gesellschaft. Einen Ausweg für den Wunsch Mutter- bzw. Familienglück erfahren zu können, stellt die Adoption dar.

Das Buch beschönigt und verherrlicht aber nicht die Möglichkeit der Adoption, sondern offenbart die Ängste und die Herausforderungen im Zusammenhang mit dem Behördenmarathon und der Erziehung der Kinder. Vor allem werden die Probleme, die die Adoptivkinder mit der Wahrheit, adoptiert worden zu sein und der damit in Verbindung stehenden Identitätssuche aufgezeigt.

Der Umgang der beiden Mütter, der Zusammenhalt der Schwestern bzw. der beiden Familien ist beispiellos und gibt Mut für jede Person, die sich mit dem Gedanken der Adoption beschäftigt beziehungsweise wird durch die schonungslose Offenlegung der Schattenseiten die Möglichkeit zur Entscheidungsfindung geboten.

Die Familien haben trotz der Widrigkeiten mit einem außerordentlichen Maß an Liebe und Zuneigung ihr Glück gefunden, denn sie haben in jeder Lebenslage stets nach dem Motto „Wer Adoption sagt, muss auch B sagen" gehandelt und somit zehn Kinderseelen eine Familie und ein Zuhause gegeben.

Titel: Kuckucksnest
                Roman nach einer wahren Geschichte
Autorin: Hera Lind
Verlag: Diana Verlag
                Verlagsgruppe Randome House GmbH
ISBN: 978-3-453-35944-4

Tagebuch: 21.02.23 Tulushdoo, Malediven

Das Thema Plastikmüll beschäftigt mich hier auf den Malediven in den letzten Tagen wieder stark. Egal, wo man einkauft, man bekommt Plastikflaschen zu kaufen und egal, wo man dann entlangläuft, die geleerten Plastikflaschen zieren den Weg und stechen ins Auge.

Schon vor 15 Jahren wurde bei mir die Einkaufsplastiktüte aus dem täglichen Leben verbannt. Überall, wo erforderlich, ob im Auto, in den Handtaschen, im Koffer wurden wiederverwertbare Stofftaschen eingepackt. Den Plastikmüll vollständig zu vermeiden, schaffe ich im Alltag leider nicht. Ich bin aber penibel im Müllsortieren, so dass dieser nicht im Wald oder im Gewässer landet.

Ich vertraue darauf, dass der Großteil recycelt wird. Seit Jahren reise ich mit einer Hartplastikflasche, die ich immer wieder befüllen kann und nicht unnötig Einweg-Plastikflaschen verwenden muss. Wir Europäer haben das Problem wahrscheinlich zu spät erkannt, aber die Einführung eines Plastikpfandes verhindert, dass nur ein kleiner Teil der Plastikflaschen nicht zurückgegeben wird und somit eine Gefahr für die Umwelt darstellt. Es betrifft allerdings nicht nur die Umwelt, sondern über die Nahrungsaufnahme auch direkt uns Menschen. Es macht mich traurig, dass andere Länder solche bewährten Systeme nicht annehmen. Aber was will ich von Staaten, wie Indonesien oder den Malediven erwarten, wenn sogar Österreich 15 Jahre braucht, um sich das bewährte Pfandrücknahmesystem von den Deutschen abzuschauen.

Bei der Tauchschule hier auf Tulushdoo habe ich gestern angebracht, dass es doch ein „Sich-Hervorheben" wäre gegenüber der Konkurrenz auf der Insel, wenn die Tauchschule bei den Tauchfahrten anstatt der kleinen 0,5 l Einweg-Plastikflaschen wiederbefüllbare Plastik- oder Alubehälter verkauft oder als Werbung verschenkt. Der Besitzer der Tauchschule hätte damit zwei Fliegen mit einer Klappe geschlagen, da er einerseits der Nachhaltigkeit mehr Aufmerksamkeit schenkt und andererseits einen Werbeeffekt erzielt. Der Tauchschulinhaber hat mich dann leider nur mit mitleidigen Augen angesehen und mir gesagt, dass er sich mit Angebot und Nachfrage herumschlage. Auf der Insel seien die meisten Touristen nur kurze Zeit. Aus diesem Grund will sich niemand einen Plastikbehälter kaufen, um Wasser kostenlos auffüllen zu können. Außerdem bekäme er die Wasserflaschen aus Plastik aus der Coca-Cola-Fabrik kostenlos zur Verfügung gestellt.

Da war ich dann echt etwas zerknirscht, als er mir so ehrlich seine Antwort zu diesem Thema mitteilte. Zufällig entdeckte mein Mann am Abend auf Facebook einen Post unserer Lieblingstauchschule Wannadive auf Bonaire (ABC-Inseln, Karibik), die genau meine Idee umgesetzt hat. Da ging mir das Herz auf und ich habe mich so gefreut, dass jemand auf der anderen Seite der Welt die gleichen Gedankengänge gehabt hatte und diese in die Tat umgesetzt hat!

Heute nun haben wir die Coca-Cola-Fabrik besichtigt. Diese Fabrik ist einzigartig auf der ganzen Welt, da sie zur Herstellung und Befüllung der Colaflaschen Salzwasser verwendet. Natürlich nicht das Salzwasser direkt aus dem Meer. Das wäre unmöglich. Das Salzwasser muss in drei Arbeitsschritten von Unreinheiten und schließlich vom Salz befreit werden. Die Coca-Cola-Fabrik stellt der gesamten Insel dieses Wasser kostenlos zur Verfügung, was wahr-

68

scheinlich auch einzigartig und einmalig auf der Welt ist.

Wir durften die Herstellung der Plastikflaschen mit der weltweit bekannten Form miterleben. Wie aus kleinen Plastikformen, die mich sofort an Reagenzgläser erinnerten, durch ein wohl von Coca Cola entwickeltes Verfahren mittels Erhitzen und Rotation diese zu den Colaflaschen gestaltet werden. Nach diesem Prozess werden die leeren Flaschen, die am Laufband zur nächsten Station eilen, mit der Colaflüssigkeit (Mischung von Sirup und dem gereinigten und vom Salz befreiten Wasser) gefüllt. Die genaue Zutatenliste wurde uns natürlich nicht verraten.

Nach dem Befüllen ist die nächste Station die Anbringung des Verschlusses. Danach wird von einer Maschine kontrolliert, ob der Füllstand normgerecht ist und schadhafte Ware aussortiert. Die Prägung des Befüllens und das Haltbarkeitsdatum werden ebenso automatisiert auf den Flaschen angebracht. Die Kartonage mit jeweils 24 Plastikflaschen wird ebenfalls von einer Maschine vollzogen und mit Datumsaufdruck versehen.

Bei der Besichtigung der Fabrik habe ich festgestellt, dass wenn die gesamte Region Malediven (für die diese Fabrik ausschließlich produziert) plötzlich weniger Plastikflaschen benötigt, sich die Produktion verringert, die Maschinen zum Teil stillstehen würden, die Arbeitsplätze somit gefährdet wären usw., ein Wirtschaftsfaktor vielleicht sogar zum Stillstand käme. Dieser Aspekt war mir vorher nicht bewusst.

Mein Fazit daraus: Das Plastikproblem in den Griff zu bekommen, wird höchstwahrscheinlich nur funktionieren, wenn die „Großen" umdenken und den Weg vorgeben. Wenn Coca Cola für diese Region Hartplastikbehälter zur Wiederbefüllung aus wiederverwertbarem Kunststoff herstellen würde, dann wäre gleichzeitig die Einführung von einem Pfandsystem sinnvoll. Coca Cola könnte die gesammelten Plastikflaschen für die eigene Produktion verwenden, sowohl für die Plastikflaschen als auch für die Hartplastiktrinkbehälter. Jedoch wo kein Wille ist, ist meistens auch kein Weg.

2.3 Fazit des Fernstudiums

In der Einführung dieses Kapitel bin ich auf die negativen Seiten des Lehrgangs (u. a. Preisunterschiede in einzelnen Ländern, keine individuelle Betreuung, Massenveranstaltung) eingegangen. ABER ich muss trotzdem eingestehen, dass mir der Kurs sehr viel gebracht hat. Der Fernlehrgang besteht aus 36 Lernheften, die die verschiedensten Genres (Kurzgeschichten, autobiografisches Schreiben, Roman schreiben, Märchen und Fabeln, Kurzgeschichte, Fantasy und magischer Realismus, Reportage, Lyrik usw.) bearbeiten und Einblick in das Schreibhandwerk, wie z. B. Erzählperspektiven, Handlungsverlauf, Figuren entwickeln, Spannung erzeugen, die Kunst des Dialoges etc. geben. Jede:r Teilnehmer:in bestimmt selbst das Tempo der Bearbeitung der einzelnen Lernhefte und schließt das Lernheft mit der Abgabe der Hausaufgabe ab. Die Lernhefte kann man sich über den Online-Zugang herunterladen. Diese kann man selbst ausdrucken oder auf Wunsch in gedruckter Form von Laudius erhalten. Ich bin noch ein analoger Mensch und habe mit der Anmeldung gleichzeitig eine Druckversion angefordert, da ich bei der Bearbeitung von Lernmaterial sehr gerne in diesem Anmerkungen mache oder Textstellen mit Textmarkern in den unterschiedlichsten Farben hervorhebe. In den

71

Lernheften sind immer viele Verweise auf andere Bücher enthalten, sodass der Zeitaufwand davon abhängt, wie viel weiterführende Literatur man lesen möchte. Der Kurs ist mit circa einem Jahr Dauer veranschlagt. Da jede:r das Tempo selbst bestimmt, kann es aber länger dauern, in meinem Fall zwei Jahre. Das Schöne daran ist, dass niemand mit Druck hinter einem steht und das Fortkommen durchpeitschen will. Ich kann nicht auf Knopfdruck schreiben, ich muss mir die Zeit für das Schreiben einräumen und wenn mich dann noch die Muse in diesen Zeitfenstern küsst, bin ich einer der glücklichsten Menschen auf Erden. Ich hatte während des Kurses kleinere Schreibblockaden. Das kommt vor, daran darf keiner/keine verzweifeln. Unser Hirn ist mit so vielen Dingen des Alltags beschäftigt, dass es nachvollziehbar und legitim ist, wenn es mit dem Schreiben mal nicht so klappt. Es darf kein Verharren-auf-der-Stelle bleiben, denn weitermachen ist die Devise!

3. Schreibwerkstätten mit diversen Autorinnen

3.1 Schreibwerkstatt mit Anna Herzig im Mai 2023 (Veranstalter: SAG Salzburger Autorinnengruppe)

Leider wurde die Schreibwerkstatt krankheitsbedingt abgesagt und am Nachholtermin konnte ich nicht teilnehmen. Da ich im Vorfeld eine Kurzgeschichte zum Thema „Gespräche unterm Himmel und unter dir das Leben" geschrieben habe, möchte ich nicht verabsäumen, diese hier einzustellen.

Verborgene Absichten

Ich habe alles vorbereitet und heute soll es endlich so weit sein. Ich habe mir am Vortag online das Ticket für die Schafbergbahn besorgt und stehe jetzt inmitten einer Menschentraube, die darauf wartet, dass es endlich losgeht.

Ich blicke in eine Vielzahl von strahlenden Gesichtern, denen man die Vorfreude auf diesen Tag ansehen kann. Meine sonst so depressive und trübe Stimmung ist heute am Wanken, was ich gar nicht von mir kenne. Im Normalfall ist mir die Welt um mich herum völlig egal. Nichts im Außen kann meine inneren dunklen Gedanken beeinflussen. Wieso soll das heute anders sein? Etwas irritiert setze ich mich in Bewegung, als sich die Türen der Waggons öffnen. Die anderen Fahrgäste stürmen auf diese zu, um ja die besten Plätze zu ergattern. Mir ist es völlig egal, wo ich sitze, die Bergfahrt ist nur Mittel zum Zweck.

Die ganze Strecke hinauf zum Gipfel bin ich in Gedanken versunken. Ich würdige die an mir vorbeiziehende Natur keines Blickes. Nach der fünfunddreißigminütigen Bergfahrt steige ich durch das Geschnatter der Mitfahrenden stark genervt aus. Ohne mich großartig umzusehen, eile ich in Richtung Gipfelkreuz. Dieses befindet sich nicht an der höchsten Stelle am Schafberg, sondern ich muss einen der Fußwege linker Hand nehmen. Nach einem circa zehnminütigen Aufstieg erblicke ich das langersehnte Gipfelkreuz. Eine Glückseligkeit durchströmt mich. Endlich naht das Ende.

Womit ich allerdings nicht gerechnet habe, sind die vielen Menschen um mich herum, die die Aussicht bestaunen. Ich habe das Gefühl, dass mich alle anstarren, als könnten sie erahnen, was ich vorhabe. Ich fühle hunderte Blicke auf meinem Körper, die sich wie Messerspitzen in meine Eingeweide bohren. Am liebsten würde ich schreien, dass sie sich alle verpissen sollen. Aber ich bleibe ruhig, auch wenn ich die Gewissheit habe, dass ich unter diesen Umständen den letzten Schritt nicht vollziehen kann! Resigniert drehe ich dem Gipfelkreuz meinen Rücken zu. Ich warte einfach, bis weniger Menschen an diesem Ort sind. Ich ziehe mich in mein Schneckenhaus zurück und setze mich auf einen großen Stein an der Himmelspforte.

Nach circa einer Stunde fragt mich eine ältere Frau, die mich freundlich anlächelt, ob sie neben mir Platz nehmen darf. Ich schenke ihr kaum Aufmerksamkeit, nicke jedoch als Zeichen meines Einverständnisses. Die Minuten verstreichen. Die Frau sitzt schweigend neben mir. Immer wieder schiele ich neugierig zu ihr hinüber. Sie hat sich mit dem Rücken an die Felswand gelehnt. Die Augen sind geschlossen. Es scheint, als würde sie die Sonnenstrahlen in sich aufsaugen. Sie macht keine Anstalten sich zu erheben und weiterzuwandern. Ich fühle mich durch ihre Anwesenheit gestört. Hätte die sich nicht einen anderen Stein aussuchen können!

Ich bin jedoch mehr über mich selbst verärgert. Warum kann ich nie etwas zu Ende bringen? Immer habe ich irgendwelche Ausreden. Hier und heute sind es die herumstehenden Menschen gewesen. Das ist lachhaft. Keiner hätte so schnell reagieren können, um mich aufzuhalten. Es wäre so leicht gewesen, diesen einen Schritt zu tun und doch habe ich es – wie immer – nicht geschafft. Und jetzt sitze ich hier neben einem wildfremden Menschen, in der Hoffnung, dass meine Kraft am Nachmittag ausreichen wird, um die Sache zu vollenden.

Ich zucke zusammen. Die Frau fragt mich: „Warum sitzen Sie denn so alleine hier an einem so herrlichen Tag?" Ich drehe mich zu ihr um. Ich schaue in ein strahlendes Gesicht. Ihre Augen funkeln vor Vergnügen. Die schulterlangen, weißen Haare umrahmen ihr rundliches, von Falten gezeichnetes Gesicht. Sie trägt eine Trachtenbluse und eine Lederhose. Eigentlich sieht sie aus wie eine deutsche Touristin, die sich als Einheimische tarnt.

Ich muss, ohne es zu wollen, lächeln. „So gefallen Sie mir schon viel besser! Es gibt doch keinen Grund Trübsal zu blasen, oder?" Ich blicke zu Boden. „Ich verstehe nicht, wie Sie hier so gut gelaunt sitzen können, wenn doch um uns herum alles zugrunde geht", spreche ich mehr zu mir selbst. „Was meinst du damit?", fragt die Frau interessiert. „Ich hoffe, dass geht in Ordnung, dass ich dich jetzt dutze?" „Ja, kein Problem. Ich frage mich – welche Zukunft haben wir? Wir zerstören das Klima, was sich an unseren Jahreszeiten bereits widerspiegelt. Die Naturkatastrophen, die sich in den letzten Jahren mehren und bei denen Hunderte von Menschen sterben. Der Plastikmüll, der unsere Meere verunreinigt und dadurch müssen zahlreiche Tierarten qualvoll verenden. Der Krieg in der Ukraine, der so nah und doch so fern ist. Ich komme mit dem allem nicht mehr klar. Ich sehe keinen Sinn mehr …" Ich verstumme.

Die Frau beugt sich zu mir und versucht Blickkontakt zu bekommen „Ach, Schätzchen. Da fährst du aber mit starken Geschützen auf. All die Dinge, die du aufgezählt hast, sind scheiße. Da gebe ich dir absolut recht. Und verstehen kann ich das alles auch nicht. ABER sind das wirklich Gründe, die das Leben nicht mehr lebenswert machen?"

Ich blicke zu ihr auf. Sie hat ins Schwarze getroffen. Waren ihre Worte Zufall oder hat diese Frau mich vorhin beim Gipfelkreuz beobachtet und ihre Schlüsse daraus gezogen?

„Das Wichtigste ist, das Schöne um sich herum wahrzunehmen. Die kleinen Dinge im Leben zu achten. Schau dich doch nur um. Was für ein Panorama! Welch herrliches Flecken Erde, auf dem wir leben!" Begeistert dreht die Frau ihren Kopf in alle Richtungen. „Glaubst du, dass die Menschen da unten auf dem See in diesem Moment an all die schrecklichen Dinge denken, die tagtäglich auf der Welt passieren? Nein, sicherlich nicht. Sie genießen den Augenblick, das Hier und Jetzt und verschwenden keinen Gedanken an das Gestern oder Morgen."

Ich schüttle heftig den Kopf. „So einfach ist das nicht. Ich hatte bis vor ein paar Wochen einen Freund. Er wollte mich heiraten und mit mir eine Familie gründen. Ich habe ihm immer wieder gesagt, dass ich in eine solche Welt keine Kinder setzen will. Welche Zukunft hätten diese Kinder? Wir waren drei Jahre zusammen. Vor vier Wochen hat er mir den Laufpass gegeben, weil er sich mit mir keine Zukunft vorstellen kann. Ich würde immer alles so negativ sehen, hat er mir vorgeworfen. Leider muss ich sagen, dass er recht hat. Ich kann dem Leben nichts Positives mehr abgewinnen." Eine Träne läuft meine Wange hinunter.

„Ach, Kindchen. Das tut mir so leid für dich! Ich weiß gar nicht, wie ich dir helfen kann. Schau dich einfach um … Schau dir die Menschen an, die heute auf den Schafberg gekommen sind, um einen schönen Tag zu verbringen. Egal, ob mit Familie, ob mit dem Lebenspartner, mit Freunden, mit einer Reisegruppe oder so wie ich alleine. Und schau dich um, ist die Natur nicht gewaltig! Kannst du dich nicht erfreuen an der majestätischen Bergwelt vom Höllengebirge über den Dachstein bis zum Watzmann? Oder an der Seenlandschaft, die man durch den 360-Grad-Panoramablick von hier oben aus erblicken kann? Was für ein Wunder!

Du musst auch gar nicht so weit in die Ferne blicken. Schau hinunter auf den Boden, die Vielfalt der Blumen, die Hummeln und Bienen, die sich hier tummeln und uns erfreuen. Trotz der schrecklichen Ereignisse auf der Welt, stehen wir hier mitten im Leben. Du kannst in deinem kleinen Universum etwas für die Umwelt tun, kannst mit gutem Beispiel vorangehen und deinen Mitmenschen Gutes tun. Was du nicht kannst, ist die Welt alleine zu ändern. Da würdest du dir eine nicht tragbare Bürde auferlegen. Daran würde jeder zugrunde gehen – verstehst du das?"

Ungläubig starre ich in diese vor Lebenslust strotzenden Augen. Ich blicke mich langsam um. Nehme die vielen Menschen um mich herum bewusst wahr. Die Kinder, die herumtoben, Erwachsene, die sich angeregt unterhalten und miteinander lachen. Ich blicke zu den Bergen und hinunter auf den Wolfgangsee. Die Menschen da unten wirken auf mich wie kleine Ameisen, die in ihrem Ameisenhaufen herumwuseln. Vor mir auf der Blumenwiese sehe ich eine Vielzahl von

Insekten, die durch das Gras kriechen, Hummeln und Bienen brummen emsig von einer Blume zur anderen. Vögel gleiten durch die Lüfte. Ja, es ist ein Wunder, wie sich Mensch und Tier an diesem sonnigen Tag friedlich begegnen.

Wieder huscht ein Lächeln über mein Gesicht. „Siehst du, schon viel besser. Du hast deinen Blick auf das Naheliegende fokussiert. Ich kann an deinem Gesichtsausdruck erkennen, dass du wieder Freude empfinden kannst."

Die Frau legt ihre Hand auf meine. Wie elektrisiert durchströmt meinen Körper eine Welle von positiver Energie. Es ist, als wenn diese Welle meine dunklen Gedanken aus mir hinfortschwemmt und Platz macht für Neues. Erstaunt und überwältigt von meinen inneren Gefühlen schaue ich zu der Frau auf. Sie zieht ihre Hand weg und umarmt mich innig. Wieder durchströmt meinen Körper eine nie gekannte Wärme. Als die Frau mich loslässt, schaut sie mir in die Augen: „Deine dich belastenden negativen Gedanken solltest du nun hinter dir gelassen haben. Blicke nach vorne. Konzentriere dich auf die positiven Dinge, die dich umgeben: Die Natur. Deine Familie. Deine Freunde und so weiter. Es wird nicht leicht sein, diese neuen Eindrücke in deinem Alltag umzusetzen, daher suche dir Hilfe und Unterstützung. Wir lieben dich." Ihre Worte erfüllen mich mit Dankbarkeit. Sie steht auf, dreht sich um und verschwindet in der Menge.

Heute ist der Tag, an dem ich froh bin, etwas nicht zu Ende gebracht zu haben. Ich werde nicht mehr auf das Schlechte in der Welt blicken. Mich nicht mehr von negativen Schlagzeilen oder Berichten einlullen lassen. Ich werde mich auf mich und mein näheres Umfeld konzentrieren. Ich werde kleine Schritte machen, um die Welt aus meiner Sicht zu verbessern und damit zu ändern. Ich werde heimgehen und meinen Eltern sagen, wie lieb ich sie habe, denn das habe ich schon lange nicht mehr getan und beinahe hätte ich es nie wieder tun können. Ich fühle mich glücklich. Ich bin ganz bei mir.

Nenn es Schicksal, Fügung oder Wunder, dass diese seltsame Frau sich genau im richtigen Moment zu mir gesetzt hat. Wie auch immer es passiert ist, ich will leben, in Zukunft die Tage genießen und dankbar sein, dass ich noch hier bin!

3.2 Schreibwerkstatt „Im Kleinen" mit Anna Weidenholzer im Juni 2023 (Veranstalter: Literaturforum Leselampe)

„Wie gelingt es, mit möglichst wenigen Worten eine große Geschichte zu erzählen?"

Nach einer Vorstellungsrunde und einigen Ausführungen zu dem Thema Kurzgeschichten wurden wir Teilnehmer:innen nach draußen geschickt. Die Aufgabe war, uns einen Standort zu suchen. Von diesem aus sollten wir Beobachtungen von Gegenständen, Menschen oder Gegebenheiten sammeln und dann in wenigen Worten niederschreiben. Am nächsten Tag sollten alle eine Kurzgeschichte über ausgewählte Wörter der Beobachtung schreiben.

Einbildung ist auch eine Bildung

Mit dieser Frage „Warum ist die Uni kein Mensch?", von seinem damals fünfjährigen Sohn, hatte alles angefangen. Der erste Gedanke, der ihm sofort in den Sinn kam: „Von wem Manuel diese Wissbegierigkeit wohl hat?", und doch lächelte er seinen Sohn stolz an, als seine Frau Doris antwortete: „Weil die Uni eine Institution ist, in der wir Menschen lernen dürfen."

Nach diesem ersten Satz folgten viele, viele kluge Fragen des kleinen Mannes, so dass sie oft schon Schwierigkeiten hatten, all seine Fragen zu beantworten. Er war ein einfacher Mann, LKW-Fahrer von Beruf. Seine Doris hatte er beim Faschingsball kennengelernt und am nächsten, übernächsten und überübernächsten Tag stand er bei ihr an der Kasse, um sein Pausenbrot zu bezahlen und ihr ein Lächeln zu entlocken. So lange bis sie einem Date mit ihm zustimmte. Seit diesem Tag waren sie ein Paar. Hochzeit und Geburt von Manuel folgten. Eine glückliche Familie. Bis zu dieser einen vermaledeiten Frage, die einen Zweifel wie ein kleines Saatkorn in ihm pflanzte.

Mit jeder Frage, die sein Sohn in den Raum stellte, und er daraufhin bald mehrere Lexika für die Beantwortung durchforsten musste, fing das Saatkorn an zu sprießen, zu wachsen und zu gedeihen. Der Zweifel, ob er denn wohl der Vater sein konnte von diesem außergewöhnlichen Jungen, bohrte sich tiefer und tiefer in sein Bewusstsein, fast schon alltäglich und allgegenwärtig beschäftigte ihn diese Frage.

Er begann zu eruieren, wann Doris ihn betrogen hatte und vor allem mit wem. Gelegenheit dazu hatte sie viele, da er beruflich oft länger unterwegs war. Er ließ die Vergangenheit immer wieder Revue passieren, interpretierte Begebenheiten mit dem Verdacht des Betrugs beziehungsweise des Seitensprungs. Doch er entdeckte keine Ungereimtheiten. Es trieb ihn fast in den Wahnsinn. Doris musste mit einer solchen Sorgfalt und Gerissenheit vorgegangen sein und hatte ihn so zu einem gehörnten Mann degradiert.

Die Krönung ihrer Falschheit war das Unterjubeln dieses Kuckuckskindes. Jedes Mal wenn er seinen Sohn ansah, fühlte er sich hintergangen. Immer öfter sagte er zu Manuel, dass er mit seinen Fragen doch zu seiner Mutter gehen sollte. Seitdem der Bub die Schule besuchte, wurden die

Fragen noch umfangreicher. Er hatte bereits vor einem Jahr angefangen, seiner Frau hinterherzuspionieren. Er schaute in ihr Handy, ob er Whats-App- oder E-Mail-Nachrichten von anderen Männern entdeckte. Am liebsten hätte er einen eindeutigen Hinweis auf die Identität des wahren Vaters erhascht. Wenn sie sich mit Freundinnen verabredete, war er ihr oft heimlich gefolgt, um zu sehen, mit wem sie sich in Wirklichkeit traf. Doch all die Anstrengungen waren ausnahmslos umsonst gewesen. Seine Frau war gewieft. Sie leistete sich keinen Fehler. Er hegte sogar den Verdacht, dass sie ihre Liebeleien nach der Geburt eingestellt hatte. Oder sie hatte bereits bemerkt, dass er ihr auf die Schliche gekommen war.

Jedes Mal, wenn er seine Frau ansah, schrie ihm ihr Verrat entgegen. Nach mittlerweile vier Jahren des Verdachts, des Zweifels war seine Liebe verebbt und blanker Hass stieg in ihm auf, wenn sie sich hinterfotzig am Abend im Bett an ihn schmiegte. Oft hat er sich vorgestellt, wie Doris und ihre Freundinnen bei ihren Treffen über seine Dummheit lachten, ihn verspotteten und Doris gratulierten, dass sie einen Versorger gefunden hatte. Er schaute ihr kaum noch in die

Augen, denn wenn sie ihn mit ihren freudestrahlenden Augen neckisch mit einer solchen Lebensfreude berührte und versuchte, ihn zu umgarnen und zu verführen, musste er sich beherrschen, um seine Hand im Zaum zu halten und ihr nicht weh zu tun. Als ein Brief von der Schule ins Haus flatterte, dass Manuel ein hochbegabtes Kind sei und die Schule vorschlug, dass sich die Eltern nach einer Förderschule umsehen sollten, war er sich sicher, dass Manuel nicht sein Sohn ist. Dies war der langersehnte Beweis, daran gab es nunmehr keinen Zweifel mehr!

Er sitzt auf der Anklagebank. Er schildert den Tathergang. Es fällt ihm nicht schwer, allen davon zu berichten, wie er die Vorkehrungen für den Abend des vierundzwanzigsten sechsten zweitausendundzweiundzwanzig getroffen hatte. Der Entschluss, sich von seiner Frau und seinem Sohn zu trennen, war mit dem Eingang des Schulbriefes besiegelt worden. Er litt an Schlaflosigkeit, daher bekam er regelmäßig von seinem Arzt Schlaftabletten verschrieben. Es sei nicht schwer gewesen, immer wieder eine der Tabletten auf die Seite zu legen und zu sammeln. Seinem Arzt wären keine Unregelmäßigkeiten aufgefallen.

Er hatte so lange mit Doris´ Lüge leben können, so dass es keine Rolle spielte, ob die Trennung ein Monat vorher oder später erfolgt. Nach sechs Monaten hatte er, seines Erachtens, genügend Tabletten zusammen, um diese seiner Frau und seinem Sohn verabreichen zu können.

Zu ihrem neunten Hochzeitstag hatte er Doris eine Überraschung versprochen. Er hatte ihr im Vorfeld schon gesagt, dass er mit seinen Liebsten, also mit ihr und ihrem Sohn, diesen Freudentag verbringen und am Abend für sie kochen wollte. Nachdem es in ihrer Ehe nicht mehr so gut lief, konnte er die Freude darüber förmlich spüren. Sie waren als Familie am Tag in den Hellbrunner Zoo gegangen. Manuel liebte die Tiere. Am Nachmittag hatten sich die beiden dann hingelegt, währenddessen hatte er Manuels Lieblingsspeise zubereitet: Spaghetti Bolognese, als Nachtisch gab es Tiramisu.

Die Schlaftabletten hatte er schon am Vortag zu einem Pulver zermahlen. Dieses hatte er dann in die Bolognesesauce, in den Rotwein und am Vortag in das Tiramisu eingerührt. Für sich selbst hatte er in einem kleinen Topf die Bolognesesauce natürlich ohne Pulver zur Seite gestellt. Das Rotweinglas für seine Frau war präpariert. Das

Tiramisu hatte er nicht angerührt. Er hatte den Tisch in der Wohnküche mit dem besseren Geschirr gedeckt, Kerzen und rote Rosen zur Deko verwendet. Er werde den Anblick seiner Frau, als ihr vor Rührung eine Träne die Wange hinablief, nie vergessen. Ihr Sohn sagte zu ihm: „Oh, Papa, da hast dich aber mächtig ins Zeug gelegt." Dabei grinste er übers ganze Gesicht.

Sie hatten sich angenehm unterhalten. Es war der perfekte Abschiedstag und Abschiedsabend für ihn gewesen. Das Essen war gut, zumindest hatten dies sowohl Doris als auch ihr Sohn bekundet. Einen fremdartigen Geschmack hätten diese sicherlich nicht wahrgenommen. Bei Manuel kam die Müdigkeit schlagartig. Er musste den Teller vor Manuel retten, da ihr Sohn ohne Vorzeichen die Augen schloss und sein Kopf vornüberfiel. In dem Moment hatte er schnell reagiert und im Vorbeihuschen in Doris vor Entsetzen weit aufgerissene Augen geschaut. Allerdings konnte sie sich nicht mehr bewegen. Die Schlaftrunkenheit hatte bei ihr schon eingesetzt.

Er hatte ihr die vierfache Menge des Sohnes an Schlaftabletten verabreicht, denn er hatte vor dem Ausschöpfen der Sauce in ihre Portion nochmals ausreichend Pulver untergemischt. Nachdem er

89

den Kopf ihres Sohnes fürsorglich auf die Serviette gelegt hatte, setzte er sich neben sie, nahm ihre Hand und sprach: „Deinen Verrat werde ich dir nie verzeihen. Hast du wirklich geglaubt, dass du damit durchkommst?" Das Unverständnis in ihrem Gesicht war Balsam auf seiner Seele. Sie hatte keine Ahnung, dass er ihr Geheimnis kennt. Die Überraschung war ihm gelungen. Zufrieden lächelte er, endlich konnte er sich frei fühlen!

Der Richter schüttelt den Kopf: „Wie sind Sie denn nur auf diese absurde Idee gekommen, dass Manuel nicht Ihr Sohn ist?! Da Sie dies als Mordmotiv bei der Polizeivernehmung angegeben hatten, wurde ein Vaterschaftstest durchgeführt. Die Wahrscheinlichkeit, dass Sie der Vater sind, beträgt 99,9 %. Haben Sie das verstanden, Herr Müller? Sie sind der Vater von Manuel, Ihre Frau hat sie nicht betrogen!"

„Ich habe immer gewusst, dass Doris schlau ist. Sogar nach ihrem Tod kann sie noch alle Menschen täuschen. Aber mich kann sie nicht verarschen. Manuel war ihr Sohn, nicht meiner." Danach beginnt er zu lachen, immer lauter und lauter. Die Tränen rinnen ihm vor lauter Lachen über die Wangen. Sein Bauch krampft vor lauter

Lachen, aber er kann nicht aufhören damit. Ist er verrückt?

3.2.2 Fazit dieser Schreibwerkstatt

Die allgemeinen Ausführungen zu Kurzgeschichten waren sehr interessant. Ich war erstaunt über mich, dass ich aus einer kurzen Beobachtung (Spaziergang der Familie mit Frage des Kindes und Antwort der Mutter) eine so spannende Kurzgeschichte in nur 2,5 Stunden geschrieben habe.

Bei ihrem Feedback hat mich Frau Weidenholzer darauf hingewiesen, dass man sich überlegen müsse, ob Schlaftabletten in Zusammenhang mit dem Beruf LKW-Fahrer stimmig sei. Ebenso ob es nicht klischeehaft wäre, einen LKW-Fahrer als einfachen Beruf zu betiteln. Klischees sollte man immer vermeiden. Ebenso wäre zu überlegen, ob der letzte Satz überflüssig sei, da das Lachen evtl. schon beim Leser die Überlegung des Wahnsinns auslösen könnte.

Am meisten gefreut hat mich das Feedback von Elfriede, in dem sie mir gesagt hat, dass meine Kurzgeschichte sie stark berührt habe.

3.3 Schreibwerkstatt „Weiter Schreiben" mit Birgit Birnbacher im Sept. 2023 (Veranstalter: Literaturforum Leselampe)

Wir hatten die Wahl zwischen dem Vortragen eines neuen oder bereits geschriebenen Textes vor der Gruppe mit anschließendem Feedback. Ich entschied mich für eine Kurzgeschichte, die ich bei einem Schreibwettbewerb eingereicht hatte, um mir konstruktives Feedback von einer Bachmann-Preisträgerin und den geschätzten Teilnehmer:innen einzuholen.

Frau Birnbacher hat uns einen Einblick in ihren Werdegang als Autorin gewährt. Ich fand es interessant, welche Ängste und Selbstzweifel eine so bekannte Autorin immer wieder plagen können, obwohl sie durch ihre Erfolge und Auszeichnungen bereits eine Bestätigung von außen für ihr Talent und Können erhalten hat. Danke für diese Ehrlichkeit!

Achtung: Falle Diskothek

Ich befinde mich in einem Raum, der keine Türe hat, zumindest kann ich nichts dergleichen erkennen. An der Lautstärke der Musik, die eindringt in die Stille des Raumes, muss ich mich noch im Gebäude der Diskothek befinden. Hier allerdings bin ich alleine. Ich bin eigentlich mit Jessica und Doris unterwegs. Wo stecken die beiden? Ich schaue mich um, im Glauben, dass es sich um einen Spaß handelt, und warte darauf, dass sie gleich irgendwo hervorspringen, mich erschrecken und auslachen. Ein kleiner Angsthase bin ich, nichts weiter, versuche ich mich zu beruhigen. Ich warte. Nichts passiert. Was mache ich hier? Wie viel Zeit ist verstrichen? Ich habe keine Ahnung, es fühlt sich an wie eine Ewigkeit.

Mein Hirn ist etwas vernebelt vom Alkohol. Ein Raum ohne Türen, wo gibt es denn sowas! Ich ärgere mich über meine eigene Dummheit. Ich gehe einmal entlang der vier Wände, um eine Türklinke oder einen Knauf zu entdecken. Ich will nur noch raus! Der Raum ist rechteckig, zumindest nach der Anzahl meiner Schritte von einem Eck zum anderen. Es müssten so zwei mal drei Meter sein, also sechs Quadratmeter. Was ist das hier? Eine Besenkammer? Aber selbst eine Besenkammer hat eine Türe, also was soll der Scheiß? Ich spüre, wie Panik in mir aufsteigt und ich schreie immer lauter um Hilfe. Nichts, immer noch Stille, außer das Dröhnen der Bässe, die meinen Körper durchbeben. Tränen rinnen meinen Wangen entlang.

Plötzlich ein Geräusch, so als ob sich ein Schlüssel im Schloss dreht. Also doch eine Türe, nur wo? Es dämmert mir, ich bin eingesperrt! Die Erkenntnis schießt wie ein Blitz durch meinen Körper und kalter Angstschweiß bricht aus. Eine Türe löst sich aus den Konturen der Wand und eine vollkommen schwarz gekleidete Person betritt den Raum. „Hallo, meine Schöne."

Diese warme, tiefe Stimme kommt mir bekannt vor. Noch während ich fieberhaft nachdenke, wem ich diese Stimme zuordnen kann, fasst der Mann mich am Arm und zischt: „Zieh dich aus!" Irritiert rühre ich mich nicht. „Stell dich nicht so an. Ich weiß, dass du das auch willst. Dein Verhalten war eindeutig." Mein Verhalten? hallte es in meinem Kopf. Was für ein Verhalten? Mir dämmert es. Vorhin an der Bar hat mich ein Typ angequatscht und mir einen Drink spendiert.

Er hat mir gefallen, vor allem seine blauen Augen, die mich intensiv angestrahlt und beobachtet haben. Wir haben geflirtet. Wir haben geschäkert. Ungezwungen, unverbindlich. Nichts Besonderes. So, wie schon einige Bekanntschaften begonnen haben. War er der Mann mir gegenüber? Ich kann nichts erwidern. „Stell dich nicht so an! Zieh dich endlich aus!", entfährt es ihm schroff. Ich schaue mich hektisch um, aber der Raum ist leer. Kein Gegenstand, den ich ihm an den Kopf schmettern kann. Nichts, dass ich ihm in seinen Körper rammen kann. Wieder entweichen Tränen meinen Augen und überströmen mein Gesicht.

Ich öffne den Mund und will schreien. Er presst seine Handfläche auf meinen Mund. „Halt's Maul!" Es dauert ihm alles zu lange. Er fängt an, mich langsam und behutsam auszuziehen, völlig konträr zu seinem sonstigen Verhalten. Ich kann mich nicht rühren. Schockstarre. Ich lasse es mit mir machen. Geistig beame ich mich in eine andere Zeit, in einen anderen Raum. Nur mein Körper ist anwesend. Wie in Trance registriere ich, dass er in mich eindringt, wie er stöhnt, wie er immer wieder zustößt. Rein, raus, rein, raus. Sein Körper erschlafft. Fertig. Kurze Prozedur für ihn, lange Höllenqual für mich.

Mir tut alles weh! Durch den gefühlten Schmerz kommt mein Geist langsam zurück ins Hier und Jetzt. Im Prinzip kann es nicht lange gedauert haben. Er steht auf. „Zieh dich an und dann verschwinde, du Schlampe." Er geht. Verwirrt und verstört sammle ich meine Klamotten auf, ziehe mich an und entschwinde diesem fürchterlichen Raum. Ich befinde mich in einem dunklen Gang. Ich taste mich der Wand entlang in Richtung der immer noch dröhnenden Musik. Plötzlich stehe ich wieder mitten in der Diskothek. Lachende Gesichter. Sich wild bewegende Körper um mich herum. Tränenüberströmt finden mich Jessica und Doris. Endlich! Sie haben ganze drei Stunden nach mir gesucht.

Ich lese die Schlagzeile „Achtung Falle: Diskothek" und den dazugehörigen Artikel. „Der Besitzer einer beliebten Diskothek in Peinheim hat junge, hübsche Frauen an der Bar angesprochen und ihnen dann eine leichte Dosis K.O.-Tropfen ins Getränk untergemischt. Dadurch gelang es ihm, diese Frauen durch einen

Geheimgang in einen versteckten Raum zu manövrieren. Dort wurden die Frauen von ihm vergewaltigt. Er wurde zu vier Jahren Haft verurteilt. Sein Verteidiger hat Berufung angekündigt, daher ist das Urteil noch nicht rechtskräftig."

Ich lege die Zeitung beiseite. Fast ein Jahr ist vergangen seit jener schicksalhaften Nacht. Wie oft habe ich mich gefragt, ob ich es hätte verhindern können! Ob ich die falschen Zeichen gesetzt habe. Zuerst hat mir keiner geglaubt. Keiner konnte was mit dem dunklen Gang und dem versteckten Raum anfangen. Ich wurde belächelt. Da spinnt sich eine wieder etwas zusammen und will Aufmerksamkeit erhaschen. Immer diese Influencerinnen! Erst ein kurzer Artikel im Peinheimer Tagblatt hat eine Welle von Anzeigen ausgelöst. Nicht nur ich war betroffen, sondern andere Frauen haben dieselbe Situation durchlebt und konnten ihre Scham überwinden und gingen daraufhin zur Polizei. Bis zum Schluss hat der Diskothekenbesitzer alles geleugnet und abgestritten. Als das Urteil verkündet wurde, schrie er: „Die Biester wollten es! Die haben's gebraucht und ich habe es ihnen besorgt!" Er war sich keiner Schuld bewusst.

Ich schaue auf die Uhr, es wird Zeit zu gehen. Ich besuche seit einem dreiviertel Jahr eine Psychotherapie, die mir helfen soll, das Erlebte zu verarbeiten. Mein Vertrauen in meine Mitmenschen wiederzuerlangen. Meine Angstzustände und Panikattacken in den Griff zu bekommen. Leider kann bei mir kein „Reset"-Knopf gedrückt werden. Was würde ich dafür geben, diese eine Nacht ungeschehen zu machen! Eines habe ich dadurch gelernt: „Das Schicksal kann jeden jederzeit ereilen! Es trifft eben nicht immer die anderen."

3.3.2 Fazit dieses Wochenendes

Meine Kurzgeschichte hat heftige Diskussionen ausgelöst. Ein Teilnehmer war schockiert, dass ich ein solches Thema in einer Kurzgeschichte aufgegriffen habe. Frau Birnbacher meinte, dass man, wenn man ein solches Ereignis nicht selbst durchlebt habe, müsse man in den „Keller" hinuntergehen, um eine solche Szene realistisch schreiben zu können.

Meine Kurzgeschichte wurde von allen Teilnehmer:innen als zweiteilig empfunden. Die meisten meinten, dass man auf den zweiten Teil (Ich lese die Schlagzeile ...) vollständig verzichten könnte. Einigkeit herrschte darüber beim letzten Absatz.

Die Erklärung dazu lautete, dass ein:e Autor:in den eigenen Text nicht zu erklären hat und die Leser:innen keine Verallgemeinerungen bzw. Lebensweisheiten vorgehalten bekommen wollen.

In mir regte sich hierzu innerlich starker Widerstand. Es ist mir wichtig, aufzuzeigen, dass Personen, die Extremsituationen durchleben mussten, wieder ins Leben zurückfinden können. Mir gibt das Hoffnung und jemand, der Ähnliches erlebt hat, kann vielleicht daraus Kraft schöpfen.

Frau Birnbacher meinte, um die Diskussion abschließen zu können, dass die Entscheidung des Textes letztendlich bei dessen Verfasser:in liege. Ist eine Aussage der Autorin/dem Autor wichtig, dann sollte die Meinung authentisch und ohne Eigenzensur formuliert werden.

Es ist faszinierend, wie viele Menschen das Bedürfnis haben zu schreiben und vor allem, wie unterschiedlich die Schreibstile sind. Da ich in meinem Umfeld niemanden hatte, der Ambitionen zum Schreiben hat, tat es gut, ein Wochenende mit Gleichgesinnten zu verbringen.

4. Papyrus Community

Da ich ein sehr umfangreiches Buchprojekt geplant hatte und mit Windows Word nur wenig Erfahrung außer der alltäglichen Schreibarbeiten hatte, hat mich eine Werbung von Papyrus Autor, ein Textverarbeitungsprogramm für Autor:innen, sofort angesprochen. Der Preis erschien mir erschwinglich und der Nutzen sehr groß. Wie bei jedem Programm muss man sich einlesen, ein bisschen ausprobieren und wird wahrscheinlich nie alle Funktionen beherrschen. Trotzdem ist es gerade bei dem Verfassen eines Buches mit der Figurendatenbank, dem Navigator, dem Zeitstrahl, dem Denkbrett usw. einfach genial. Auch wenn dieses Buchprojekt jetzt erst mal auf Eis liegt, verwende ich das Programm für meine Kurzgeschichten. Ich finde das Rechtschreibprogramm gut und kann so doch viele Fehler automatisch korrigieren. Ein Korrektorat ersetzt es bei Buchprojekten – meiner Meinung nach – nicht, aber zumindest bemerkt man beim Schreiben schon einige Fehler.

Vor allem beim Herstellen der erforderlichen Dateien für die Veröffentlichung bzw. den Druck oder als E-Book ist Papyrus Autor sehr hilfreich. Die Textdatei kann in die erforderlichen Dateiformate umgewandelt werden.

Ich bin im Internet relativ wenig unterwegs, daher habe ich wenig Erfahrungen mit Communitys. Aus irgendeinem Grund habe ich trotzdem bei der Papyrus Community „vorbeigeschaut". Ich hatte das Glück, dass genau zu diesem Zeitpunkt die Seitenwind-Challenge begonnen hatte. Jede Woche am Freitag bekam die Community vom Papyrus Autor Team sieben Wochen lang eine Aufgabe gestellt. Es wurde eine Perspektive und eine Handlung vorgegeben. Einmal war man ein verlassenes Anwesen, dessen Ruhe Eindringlinge störten, einmal eine Maschine, die mit Menschen interagierte. Ein anderes Mal ein Duft, der die Macht hat Gefühle zu entfesseln. Wieder ein anderes Mal eine Naturgewalt, die Einfluss auf die Stimmungen der Menschen hat. Als Zuckerl in der achten Woche kam der Weihnachtsmann, der bei seiner Arbeit erwischt wurde.

Das Geisterhaus

Ich konnte sie schon auf fünfhundert Meter Entfernung riechen. Den Schweiß, der ihnen vor Anstrengung, den steilen Weg zu mir hinauf zu gelangen, aus allen Poren schoss. Dieser strömte in mein Innerstes durch die zahlreichen Ritzen meiner Hülle. Genüsslich sog ich den Duft auf, der mir ein Jahrzehnt lang verwehrt blieb. Den letzten Besuch verzeichnete ich fast auf den Tag genau vor zehn Jahren. Meine Vorfreude erfüllte mich, so dass mein altes Gemäuer vor Erregung bebte und ein Knarzen und Poltern zu vernehmen war.

Gleichzeitig blieb die kleine Gruppe im Wald stehen. Der Wind trug mir flüsternd die Worte zu „Habt ihr das gehört?" Angsterfüllt klang die weibliche Stimme. „Da war nix. Kommt weiter." Die Menschlein setzten sich wieder in Bewegung. Für einen Moment befürchtete ich, auf mein Vergnügen verzichten zu müssen. „Kommt nur, kommt nur, meine Kinderlein" sendete ich die Botschaft hinaus, wie ein Mantra leise vor mich hinmurmelnd. Sie waren keine hundert Meter mehr von mir entfernt. Mein Anblick ließ den dreien einen Schauer den Rücken hinunterlaufen und die Gänsehaut zum Ausdruck ihres Unbehagens breitete sich über deren Haut aus. Ich jauchzte vor Glück.

Wieder vernahm ich die weibliche Stimme „Wollt ihr da wirklich reingehen?" „Du hättest ja nicht mitkommen müssen", antwortete einer der beiden Jungs barsch. „Soll ich gleich allen erzählen, was du für ein Angsthase bist? Das ist ein altes, verwahrlostes Haus, sonst nix und all die Schauermärchen sind Blödsinn. Um das zu beweisen, sind wir ja hier." „Na, wenn sich da einer nicht mal irrt", schoss es mir durch die Eingeweide.

Vorsorglich hatte ich schon einladend die Haustüre geöffnet. Sie tappten in die Falle und betraten mein Reich. Kaum waren alle drin, schloss ich die Türe mit einem lauten Knall. Die drei schrien auf. Wie liebte ich es, wenn Angstschreie durch meine Räume hallen! Das vermittelt mir das Gefühl von Lebendigkeit. Hysterisch schrie das Mädchen: „Ich will hier raus!", drehte sich um und versuchte, die Türe wieder zu öffnen. „Keine Chance, meine Kleine", entfuhr es mir laut. Sie hatten es gehört. „Ich schaff das nicht. Helft mir!" Zu dritt zerrten sie am Türknauf und traten gegen die Bretter der alten Holztüre, die sich auf mein Geheiß nicht einen Millimeter bewegte. „Wir müssen einen anderen Weg finden, um hier rauszukommen. Irgendwas stimmt hier ganz und gar nicht", übernahm jetzt der andere Junge das Kommando. Sie stürmten los und rannten von einem Raum zum nächsten. Rüttelten an den Türen und Fenstern. Ihr Verhalten erinnerte an Versuchsmäuse in einem Labyrinth, wo am Ende des Weges ein Käsekrümel liegt. Ihr Ziel war kein Futter, sondern ein Ausgang. Um das Ganze lustiger zu gestalten, stöhnte ich und amüsierte mich, wie sich ihre Augen weiteten und sich ihr Entsetzen in den Gesichtern widerspiegelte.

Das Mädchen fing an zu weinen, dabei war dies erst der Anfang. Die harten Geschütze würden erst kommen. Um mich in eine Art Meditation zu versetzen, schloss ich alle Fensterläden, so dass vollkommene Dunkelheit herrschte. Das Grüppchen rührte sich nicht vom Fleck. Sie befanden sich in Schockstarre. Es gestaltete sich schwierig nach all der Zeit, die notwendige Konzentration aufzubringen, doch mit Anstrengung erschuf ich meine Geister, die zu der

Gruppe schwebten, um sie zu erschrecken. Das Mädchen sah eine der durchsichtig schimmernden Gestalten als erste, schrie erneut auf und zitterte am ganzen Körper, so dass mich ein Wohlfühlschauer vom Dach bis in den Keller durchfuhr. Bei einem der Jungs bildete sich eine kleine Pfütze am Boden. „Na, wer ist jetzt der Angsthase?", dachte ich mit voller Schadenfreude. Hoffentlich blieb dies beim Mädchen nicht unbemerkt.

Der zweite Junge rang nach Luft, sank in sich zusammen und röchelte. „Was ist denn mit dem los?", kam es mir in den Sinn. Das Mädchen erfasste die Situation, rief dem anderen zu: „Scheiße, der hat einen Asthmaanfall. Wo hat er sein Spray?" Gleichzeitig riss sie ihm den Rucksack von der Schulter und suchte energisch nach etwas. Sie zog ein kleines Ding daraus hervor und sprühte ihm einen Art getröpfelten Nebel in den geöffneten Mund. Die Szene machte mir Kopfzerbrechen. „Der würde doch nicht .... Oje, das erinnert mich an den letzten Besuch, als einer zusammenbrach und nicht mehr aufstand. Das würde doch nicht nochmal passieren?", fragte ich mich angsterfüllt. Der Junge schien sich wieder zu fangen.

„Was machen wir jetzt?", hörte ich ihn flüstern. „Die Frage muss lauten: Was mache ICH jetzt?" Das Risiko eines erneuten Todesfalles konnte ich nicht eingehen. Das würde mir die Gesellschaft der Spukhäuser nicht ein zweites Mal durchgehen lassen. Widerwillig schaltete ich das Licht im Haus ein, wohlwissend, dass mein Vergnügen damit zu Ende war. Ich öffnete die Läden und die Haustüre. Die Erleichterung durchfuhr die Kinder, als sie erkannten, dass der Spuk vorbei war. Sie zögerten nicht, nahmen sich an den Händen und stürmten kreischend hinaus. Enttäuscht und irritiert schüttelte ich mich, so dass jeder einzelne Stein vibrierte, und Gefahr bestand, dass mein Äußeres in sich zusammenfiel. Diesen neugierigen Menschlein fehlte doch eine gewisse Intelligenz. „Was hatten die geglaubt, was man in einem Spukhaus erlebt?" Traurig schaute ich ihnen hinterher, wie sie fluchtartig den Weg in den Wald davonliefen. „Kommt bald wieder, es war mir ein Vergnügen!"

Der Außerirdische

Ich zittere wie Espenlaub, als ich ein großes Auge sehe, das in die Koralle, in der ich mich versteckt habe, hineinstarrt. „Hallo ...? Wer bist du denn?", fragt mich das Wesen. Die Stimme klingt neugierig, sympathisch und flößt mir keine Angst ein. Aus diesem Grund bewege ich mich langsam zum Rand der Koralle hin. Ohne Furcht, obwohl der Körper hundertmal so groß ist wie ich, klettere ich auf die schnabelförmige, lange Schnauze. Das Wesen scheint mich anzulächeln. Der Körper ist stromlinienförmig, durchgängig grau und mit einer dreieckigen Rückenflosse, zwei Vorderflossen und einer Schwanzflosse bestückt. Ich stelle mich vor. „Hallo, mein Name ist Grünwicht vom Planet, sagen wir mal X, den richtigen Namen kannst du sowieso nicht aussprechen. Und wer bist du?" „Ich bin Flipper. Ich hab dich schon von Weitem gesehen, beziehungsweise das grüne Leuchten aus der Koralle und da bin ich neugierig geworden. Was machst du denn hier?"

„Ich bin vor einem Jahr auf diesem Planeten, genannt Erde, angekommen. Meine Aufgabe lautete, mit den Erdenbewohnern Kontakt aufzunehmen. Ich war auf verschiedenen Kontinenten und habe es mit den unterschiedlichsten Völkern der Spezies Mensch probiert, aber ich habe eine große Angst vor ihnen entwickelt. Egal wo ich mich hingebeamt habe, die haben sich bekriegt, gegenseitig umgebracht, waren hasserfüllt und fanatisch. Da oben stinkt es! Irgendwie ist die Atmosphäre verseucht. Und der Lärm war unerträglich für mich. Als ich letztendlich zwischen zwei Fronten geraten bin und ein Flugkörper als Ziel das Krankenhaus, in dem ich einige Studien betrieb, programmiert hatte, bin ich hierher geflohen. Hier unten ist es viel angenehmer. Ich habe die Wesen hier unten aus der Koralle beobachtet, die vielen verschiedenen Arten. Ihr scheint in Harmonie zu koexistieren. Die Farben- und Formvielfalt ist faszinierend und atemberaubend. Ich liebe diesen Ort. Ich will mich hier ausruhen und mich erholen. Außerdem muss ich überlegen, was ich mit diesem Planeten machen soll."

„Ja, die Menschen machen uns auch Angst. Sie jagen uns, fangen uns, fressen uns, aber alles im Überfluss. Bei uns hier unten ist alles im Einklang. Die größeren Tiere fressen die kleineren, um überleben zu können. Jedes Tier weiß, welche

Aufgaben es hat, und wir halten uns an die Regeln. Dies führt zu einem Gleichgewicht. Dieses stören allerdings die Menschen, indem sie ihren Dreck ins Meer kippen, egal ob Öl oder Plastik oder sonstige Gegenstände, die nicht in unseren Lebensraum gehören. Die Plastikseuche macht vielen von uns zu schaffen. Ich habe schon einige Tiere gesehen, die letztendlich daran zugrunde gingen, weil sie von dem Zeug zu viel gefressen haben. Einige von uns schwimmen in ihre Netze, verfangen sich und gehen elendig zugrunde. Und was man so hört, ist es auf der Erdoberfläche nicht anders. Sie haben dort oben schon einige Arten ausgerottet. Sie töten Pflanzen, roden ganze Wälder ab, ohne Rücksicht darauf, was ihr Verhalten für die anderen Erdenbewohner bedeutet. Ganz ehrlich, die Tier- und Pflanzenwelt ist sich einig. Keiner braucht die Menschen!" „Den Eindruck habe ich auch im letzten Jahr gewonnen", bestätige ich.

Kaum habe ich das gesagt, weiß ich, was zu tun ist. Ich schnippe mit dem Finger. „Was hast du getan?", höre ich Flipper neugierig fragen. „Ich habe die Spezies Mensch weitestgehend ausgerottet. Ein paar Exemplare werden die Säuberung überlebt haben. Wir werden schauen, wie

109

sich die Rasse entwickelt und wie diese die Chance nutzt. Meine Empfehlung an den großen Rat wird sein, die Erde die nächsten Jahrhunderte zu beobachten und zu beurteilen, wie der Mensch seine zweite Chance nutzt. Geht die Entwicklung wieder in dieselbe Richtung, befürworte ich die gänzliche Auslöschung der Spezies Mensch." Flipper starrt mich, das kleine, für ihn fremdartige, grüne Wesen, ungläubig an. Allerdings kann ich seine Gedanken lesen „Endlich befreit. Ich muss das gleich an alle weitergeben. Die Erde wird sich regenerieren. Unsere Zukunft ist gesichert!" Zufrieden lächle ich.

Der Todesgeruch

Ich weiß nicht, wie ich entstanden bin und auch nicht, wie lange ich schon existiere. Ich vegetiere einsam und in vollkommener Dunkelheit dahin, eingesperrt in einen gläsernen Quader mit einer Länge von drei Metern, einer Breite von einem Meter und einer Höhe von zwei Metern. Wenn die Türe des Raumes, in dem ich gefangen gehalten werde, aufgeht, sehe ich ihre angsterfüllten Augen und das Zittern ihrer Körper. Einmal den Raum betreten, ist deren Schicksal besiegelt. Ich weiß es. Sie wissen es.

Ich habe nach hundert aufgehört zu zählen. Es ist unerheblich, wie vielen ich dabei zugesehen habe, wie sie ihre Nasen in die dafür geschaffene Öffnung steckten. Wie sich manche mit Händen und Füßen dagegen gewehrt, aber nie wirklich eine Chance gehabt haben, mir zu entkommen. Dafür haben die beiden Wärter gesorgt, die sie letztendlich am Kopf packten und diesen gewaltsam in die Öffnung drückten. Viele versuchten, die Luft anzuhalten, jedoch war dies nicht aussichtsreich. Manche brauchten länger, manche kürzer, aber irgendwann mussten alle einatmen, um zu leben, doch dieser Atemzug besiegelte ihren Tod. Bei jedem Einzelnen weiteten sich die Augen, als sie mich rochen und einatmeten. Meist drehten sie sich voller Ekel weg von mir, geschockt über den Geruch, den sie in dem Quader wahrgenommen hatten. Mein Geruch breitete sich in ihren Eingeweiden aus, drang in die Nervenbahnen, in jede einzelne ihrer Zellen ein. Ihre Nasen fingen an zu laufen, der Körper zuckte, manche schrien, andere wiederum krümmten sich am Boden vor Schmerzen. Das Ende des Todeskampfes läutete das Bluten aus allen Körperöffnungen ein. Dann dauerte es nicht mehr lange, bis meine Arbeit getan war. Danach begann die Säuberung. Der oder die leblose(n) Körper wurde(n) entsorgt. Das Blut auf dem weiß gefliesten Boden wurde beseitigt. Nach der Arbeit wurde die Tür wieder geschlossen und die Stille kam zurück.

Wie oft habe ich darum gebeten, dass meine Existenz ein Ende finden würde, wenn genügend Menschen an mir gerochen hatten. Ich dachte, dass mit jedem Atemzug ein bisschen Volumen von mir verschwinden würde. Doch diese Hoffnung schwand mit den Jahren. Also akzeptiere ich, dass meine Dosis bei jedem tödlich wirkt. Ich

bin eine nie endende Ressource für jene atem-
beraubende Blondine, die den Hinrichtungen ab
und zu beiwohnt und immer ein Lächeln im
Gesicht hat, wenn ihre Gegner ihr am Boden zu
Füßen liegen. Im Anschluss fährt sie zärtlich mit
ihrer Handfläche über den Glasquader und
bedankt sich bei mir. Diese seltenen Augenblicke
erfüllen mich mit Stolz auf meine Wirkung und
ich fing an mich nach ihr zu sehnen. Ich wünsche,
das Glas würde nicht zwischen uns stehen, um sie
spüren zu können, ihr nah zu sein. Ich begann,
mich darauf zu freuen, wenn die Türe des
Raumes geöffnet wurde. Ich bemerkte, dass sie
immer öfter den Hinrichtungen beiwohnte, als ob
auch sie meine Nähe suche.

Ich kann mein Glück kaum fassen, als der
Schließmechanismus der Quaderöffnung nicht
funktioniert, meine Angehimmelte im Raum
anwesend ist und ich meinem Gefängnis entflie-
hen kann. Endlich Freiheit. Sie bleibt wie
angewurzelt stehen und schaut zielsicher auf den
Glasquader. Sie kann mich nicht sehen, aber sie
weiß, dass ich entwichen bin und mich im Raum
ausbreite. Ich sehe keine Angst. Da ist etwas
anderes, was ich spüren kann – Faszination.

Ich nähere mich ihr langsam, umhülle sie im Ganzen, nicht vergessend, ihr den notwendigen Luftpuffer zum Atmen zwischen uns zu belassen. „Ich wusste, dass du mein Schicksal sein würdest", haucht sie. Wir bewegen uns hin und her, als ob wir miteinander tanzen würden, immer mit der nötigen Distanz, die sie benötigt, um am Leben zu bleiben. Die Zeit scheint still zu stehen. Keiner kann unsere Zweisamkeit mehr stören, denn die Wachen liegen längst tot am Boden.

Irgendwann kann ich die Distanz nicht mehr aufrechthalten, langsam schwindet der Luftpuffer. Sie stockt jedoch nicht, ist von meinem Geruch nicht angewidert. Sie hält den Atem nicht an, sondern saugt ihn, wie selbstverständlich, in sich auf. Ich schieße durch ihre Blutbahnen, wie auf einer Achterbahn hindurch, und sie spürt mich in jeder Faser ihres Körpers. Doch sie entwickelt keine Symptome der Vergiftung. Kein Nasentröpfeln, kein wildes Zucken, keine Blutungen. Ich bin in ihr und trotzdem höre ich ihr Herz weiter schlagen. Ich habe ein neues Gefängnis, doch dieses werde ich nicht freiwillig wieder verlassen. Ich werde nie wieder einsam sein, denn mit ihr kann ich interagieren. Sie lächelt. Sie hat meinen Geruch angenommen. Dies bedeutet, dass jeder

Mensch, der sich ihr zukünftig nähern wird, unseren Geruch einatmen muss und daran elendig zugrunde gehen wird. Wir sind auf immer und ewig vereint.

Eine Liebe

Meist in den Nächten bin ich einsam, wenn ich alleine in der Garage abgestellt werde und Sonja sich entfernt. Allerdings jedes Mal, wenn sie wieder das Garagentor öffnet und sie bei meinem Anblick strahlt, als würde sie mich zum ersten Mal ansehen, dann schmeichelt es mir und ein Kribbeln durchfährt meine Kabel und Drähte.

Ich höre das ersehnte Geräusch, das leise Summen und das Garagentor bewegt sich nach oben. Endlich kann ich wieder diese vier kargen Wände verlassen! Die Vorfreude steigt und ich frage mich, wo es denn heute hingeht. So viel steht fest, es wird kein weiter Weg werden, denn ich bemerke, dass es schon dämmert. Ich war in den letzten zehn Jahren schon viel unterwegs. Wir haben gemeinsam fast alle südeuropäischen Länder bereist. Ich immer an ihrer Seite. Die Kurzstrecken fahre ich nicht mit der gleichen Leidenschaft, aber ich verstehe natürlich, dass Sonja nicht immer Urlaub hat und daher im Alltag von A nach B gefahren werden muss.

Nachdem sich Sonja ans Steuer gesetzt hat, streichelt sie sanft über die Ablage und über das Lenkrad. „Guten Abend, mein Spatz", begrüßt sie

116

mich. Den Namen hat sie mir gleich bei unserer ersten Fahrt verpasst und gemeint, dass der Kosenamen für mich reserviert ist. „So baut man ein persönlicheres Verhältnis zwischen Mensch und Auto auf", hat sie mal einer Freundin erklärt. Mann war ich stolz, als sie vor ein paar Wochen einem Freund auf seine Frage, warum sie sich denn nicht endlich nach so langer Zeit ein neues Auto kaufen würde, geantwortet hat „Weil ich immer noch gerne in mein Auto einsteige und jeden Kilometer liebe mit dem Spatz zu fahren; auch nach zehn Jahren! Was will ich denn mehr?" Sie drückt den Keyless-go-Startknopf und mein Motor springt sofort an. Sie bewegt den Steuerknüppel auf D und los geht es. Das Radio läuft, sie singt mit. Ihre gute Laune erfüllt den Innenraum und ich lasse mich anstecken und schwinge im Takt mit, so dass ich angenehm vibriere.

Plötzlich nehme ich in ein paar hundert Meter Entfernung ein Auto wahr, das auf der Gegenseite ausschert und zum Überholen ansetzt. Ist der verrückt? Das geht sich nicht aus. Sieht er uns denn nicht? Entsetzt weiten sich meine Frontscheinwerfer. Sonja reagiert nicht, sie erkennt die Gefahr nicht. Sie ist zu sehr mit dem Liedtext Wonderful World beschäftigt. Das Auto kommt näher. Das wird ein Frontalzusammenstoß, denke ich.

Instinktiv greife ich in das Fahrgeschehen ein, auch wenn uns das strikt verboten wurde. Ich vollziehe eine Notbremsung, ich drehe mich. Ich spüre den Aufprall auf der Beifahrerseite. Ich höre weit entfernt Sonjas Schrei, der mir in Mark und Getriebe fährt. Der Fahrer-Airbag geht auf, Sonjas Kopf prallt auf diesen. Sie ist jetzt still. Hoffentlich lebt sie, schießt es mir durch den Bordcomputer.

Mich schleudert es von der Fahrbahn in den Graben. Mir tut alles weh. Meine rechte Seite ist derart verbeult, dass von der Beifahrerseite fast nichts mehr übrig ist und die Blechteile sich in meiner Mitte befinden. Es schaut schlecht aus! Ich glaube, dass mein Ende naht. Dampf tritt aus. Alle Lichter blinken wild durcheinander. Mein Geist wird schwächer. Ich atme auf, als ich ein leises Stöhnen von Sonja höre. Sie lebt! Ich kann es kaum glauben. Mein Leben für ihres. Das war das einzig Richtige, was ich für meine große Liebe tun konnte. Hoffentlich behält sie mich ewig in Erinnerung, als ihren treuen, liebevollen „Spatz". Meine Funktionen erlöschen – Total-schaden.

118

Frau Holle

Jedes Jahr wieder freue ich mich, wenn unter mir der Teil der Erde auftaucht, den die Menschen Europa nennen. Wenn die Tage dunkler und die Nächte länger werden, mein Cousin, der Herbst, die Blätter bunt gefärbt hat und sich langsam verabschiedet.

Der Winter schleicht sich an und bringt Kälte mit sich. Alle fiebern darauf hin, dass ich mich endlich zeige, doch jedes Jahr dauert es länger bis ich meine ganze Pracht entfalten kann, denn die Zwillinge Sonne und Wärme spielen mir immer öfter einen Streich und weichen nicht aus dieser Region. Wenn die Kinder anfangen gegen den Himmel zu schauen und zu bitten, dass Frau Holle endlich tätig wird, war dies früher der Startschuss für mich, an die Arbeit zu gehen. Ich erfreute mich an den Menschlein, die morgens aus den Fenstern schauten, die angezuckerten Berge erblickten und vor Glück laut aufschrien.

Spätestens Anfang Dezember hatte ich die höherliegenden Regionen vollflächig mit Schnee bedeckt und für alle Schnee- und Skibegeisterten startete die Saison. Ich bewunderte immer die Leichtigkeit derer, die sich die Hänge hinabstürzten. Ich erfreute mich an dem Trubel unter mir. Besonders das lustige Treiben in den Skihütten zauberte mir stets ein Lächeln in mein Wesen.

Ich verfluche diese Wichtigtuer, die jedes Jahr noch länger an ihrer Macht bleiben wollen. So kostet es mich und meine Brüder, den Wind und die Wolken, viel Kraft und Energie, endlich die Oberherrschaft zu erringen und diese zu vertreiben. Jedes Jahr dauert es noch länger, bis wir unsere gemeinsame Blüte erreichen und ich endlich wieder Frau Holle spielen kann. Ich stehe auf diese Erden-Bezeichnung. Wenn wir es geschafft haben, am 24. Dezember ein Schneekleid zu erschaffen, die Menschen vor Freude darüber tanzen und dies ihrem Weihnachtsfest die besondere Note verleiht, dann bin ich stolz auf meine Kraft und mein Wirken.

Der Weihnachtsmann bei der Arbeit

Jan horchte auf. Er lag im Bett und spitzte die Ohren. Er hatte doch etwas gehört, oder irrte er sich? Er lauschte in die Stille hinein. Nichts. Und doch, plötzlich hörte er ein Poltern aus dem Erdgeschoss. Da war jemand im Haus. Er schlug lautlos seine Bettdecke um, schlüpfte aus dem Bett und schlich sich auf Zehenspitzen zu der Treppe. Wieder ein Geräusch. Dieses Mal schien etwas umgefallen zu sein. Vorsichtig ging er die Treppe hinunter, umschiffte die knarzende Stufe, die ihn vielleicht verraten hätte.

Mutig stellte er sich in den Türrahmen des Wohnzimmers, drehte das Licht auf und konnte seinen Augen nicht trauen. Vor ihm stand ein Mann mit weißem Bart, einem roten Mantel mit weißem Kragen, schwarzen Stiefeln bis zu den Knien, einem breiten, schwarzen Gürtel, der seinen dicken Bauch zusammenzuhalten schien und einer roten Mütze mit einer weißen Quaste am Ende.

„Was bist du denn für ein Clown?", entfuhr es meinen Lippen. Der ältere Herr machte große Augen, fühlte sich sichtlich ertappt bei seinem

Einbruch. Ruhig antwortete dieser: „Ich bin der Weihnachtsmann." Jan fing laut zu lachen an: „Ja, klar Opi und ich bin Rudolf, das Rentier! Hast dich wohl verirrt. Du bist nämlich hier in Europa und da bringt das Christkind und nicht der Weihnachtsmann die Geschenke."

Jan mit seinen vierzehn Jahren glaubte weder an das Christkind noch an den Weihnachtsmann. Er ließ sich sicher nicht verarschen von dem Eindringling vor ihm. Er stemmte seine Arme in die Hüften, um bedrohlicher in seiner Erscheinung zu wirken. Der alte Mann sagte mit einer tiefen, aber wohlklingenden Stimme: „Hör mal zu, Jan." „Woher kennen Sie meinen Namen?", fragte er verwundert. „Ich kenne den Namen aller Kinder auf der Erde. Es tut mir leid, dass ich dich geweckt und erschreckt habe. Ich werde älter und blöderweise bin ich etwas schwerfälliger geworden. Dann kommt noch hinzu, dass sich das Christkind krankgemeldet hat und ich jetzt auch noch Europa beliefern muss."

„Sagen Sie, geht es Ihnen nicht gut? Ich würde eigentlich die Polizei rufen, aber vielleicht wäre die Rettung die bessere Option?" „Ich brauche keine Rettung. Ich muss meine Arbeit erledigen. Unzählige Kinder warten noch auf die Geschen-

122

ke, die ich hier in meinem Sack habe." „Fast hättest du mich gehabt, Alter. Aber ich bin doch kein Idiot! Wie sollen denn in deinen Sack die ganzen Geschenke für alle Kinder auf der Welt reinpassen? Das bringt dich jetzt in Erklärungsnot, was? Hast nicht gedacht, dass ich ein so schlaues Kerlchen bin." Stolz streckte Jan die Brust nach vorne, selbst begeistert von seiner Intelligenz und Auffassungsgabe.

„Jan, lass es gut sein. Du warst ein braver Junge dieses Jahr. Hast deiner Mutter wenig Sorgen bereitet. Unter dem Weihnachtsbaum habe ich bereits alles abgelegt für dich. Du kannst gerne in meinen Sack reinschauen, damit du mir glaubst." „Und dann steckst du mich in den Sack und entführst mich?", fragte Jan jetzt kleinlaut, in dem Bewusstsein, dass er alleine im Haus mit diesem seltsamen Mann war. Der angebliche Weihnachtsmann machte seinen Sack auf. Er breitete diesen, so weit es ging auseinander. Er trat einen Schritt zurück und ließ sich in den Sofasessel fallen. „Komm schon, Jan. Es passiert dir nix. Schau rein und dann wirst du verstehen."

Seine Neugier war schon immer sein Verhängnis gewesen und jetzt konnte er ihr wieder nicht widerstehen. Er musste wissen, was in dem Sack da drinnen war, koste es, was es wolle. Langsam trat er näher an den Sack heran und schaute hinein. „Wow!", stieß er ungläubig hervor. In dem Sack waren Geschenke gestapelt, unendlich viele, nicht zum Zählen. Und der Sack hatte keinen Boden, sondern schien bis hinab in die Tiefen der Erde zu reichen. Jan blickte auf und starrte den sitzenden Mann auf seinem Sofa an. „Was soll das, das gibt es nicht. Was ist das für ein Trick?" „Jan, das ist kein Trick. Ich bin der Weihnachtsmann. Das hatte ich dir doch schon gesagt. Geh jetzt schlafen. Ich bin schon viel zu spät dran. Ich muss meine Arbeit heute noch erledigen, sonst werden viele Kinder traurig sein." Jan war vollkommen irritiert, murmelte dann „Danke für die Geschenke" vor sich hin, drehte sich um und ging rauf in sein Zimmer.

Er hoffte inständig, dass dies nur ein Traum war. Wenn er das in der Schule morgen erzählen würde, würden die ihn in die Klapsmühle einweisen. Lieber er erzählte niemandem von dem Erlebten. „Nur ein Traum", redete er sich ein und fiel in einen unruhigen Schlaf.

Der Weihnachtsmann schaute Jan nach, wie er sich langsam entfernte. Er schüttelte den Kopf. „Manchmal wünsche ich mir, dass ich etwas

124

Anständiges gelernt hätte, dann müsste ich mich nicht mit diesen Neunmalklugen herumschlagen. Ich werde alt. Früher wäre mir das nicht passiert", dachte er wehmütig. Langsam rappelte er sich hoch, nicht ohne Schmerzen in seinen alten Knochen zu spüren, schulterte seinen Sack und verließ dieses Haus durch die Türe. Warum sollte er sich noch durch den Kamin zwängen, wenn Jan ihn doch eh während seiner Arbeit gesehen hatte. Er lächelte. Es wurde Zeit, einen Nachfolger für ihn zu suchen, und dem Christkind würde er morgen seine Meinung geigen.

4.1 Fazit der Seitenwind-Challenge

Es hat einfach Spaß gemacht, Woche für Woche neue Aufgaben zu erhalten und die Herausforderung anzunehmen, eine Kurzgeschichte dazu zu schreiben. Meine Geschichten waren nicht im vorderen Feld dabei, aber das Feedback der Community-Mitglieder hat mir sehr geholfen.

So wurde mir zum Beispiel geraten, dass ich mehr Absätze im Blocksatz einbauen soll, um die Lesbarkeit zu verbessern. Außerdem ist jemandem aufgefallen, dass bei „Eine Liebe" der Spatz bei der Automatikstellung „N" losgefahren ist, was praktisch nicht möglich ist, da das der neutrale Gang ist und bei einer Automatikschaltung das Auto bei der Stellung „D" anfährt. Jemand anderer hat mir geschrieben, dass es vielleicht eine bessere Formulierung für „Sonjas Schrei fuhr mir in Mark und Bein" gebe. Daraus wurde dann „Mark und Getriebe".

Die Rückmeldungen waren sehr positiv und es hat mir sehr gutgetan, zu hören, dass meine Kurzgeschichten bei Leser:innen ein Lächeln ins Gesicht zaubern können, aber auch als sehr düster empfunden wurden. Jemand meinte, dass es sich um einen intensiven Text (Der Todesgeruch) handle.

Was gibt es Schöneres, als beim/bei der Leser:in der eigenen Kurzgeschichte Emotionen hervorzurufen!

Die allerschönste Entdeckung war jedoch, meine Kreativität und Fantasie unter viel Alltagsmüll, Arbeitswahn und Stress hervorholen zu können. Ich glaubte jahrelang, diese verloren zu haben.

Ich freue mich auf die nächste Seitenwind-Challenge, bei der ich sicher wieder mitmachen werde.

5. Statement

Mich beschäftigen viele Dinge im Alltag. Ich gehöre zu den Menschen, die sich vieles von der Seele schreiben. Lange habe ich das nur für mich in meinen eigenen vier Wänden getan. Mit der Erlernung des Schreibhandwerks tut sich nunmehr die Möglichkeit auf, meine Wut, meine Freude, meine Gedanken über Politik, Sachen des täglichen Lebens, das Weltgeschehen usw. in die Öffentlichkeit hinauszutragen.

Im folgenden Text verarbeitete ich einen Justizfall, der nicht nur mich – sondern ganz Österreich – im Jahr 2023 monatelang durch die Berichterstattungen in den Medien bewegte. Ich würde gerne, jetzt da ich meine Stimme gefunden habe, in Zukunft in einer Kolumne oder Zeitschrift, in einem Blog oder Ähnlichem meine Texte mit der Welt teilen.

Der eigentliche Skandal ist nicht die Tat selbst, sondern das Urteil

Ich lese den Satz ein zweites Mal. Ungläubig starre ich auf die Überschrift des Artikels in der Zeitung „Urteil rechtskräftig. Der Täter bleibt auf freiem Fuß". Ich weiß sofort, um wen es sich handelt. Das Thema beherrschte 2023 die mediale Welt in Österreich. Ich schüttle den Kopf, das kann nicht sein – das darf nicht sein! Und trotzdem wird mir bewusst, dass dies unsere Rechtsprechung beziehungsweise Gesetzgebung ist.

Ich lese weiter „Zwei Jahre Haft und Einweisung in ein forensisch-therapeutisches Zentrum, allerdings sowohl die Haftstrafe als auch die Unterbringung im Maßnahmenvollzug unter Setzung einer fünfjährigen Probezeit wird bedingt nachgesehen".
Unfassbar
Unglaublich und
Unvorstellbar!
Dies sind die Worte, die mir als Erstes durch den Kopf schießen. Ein Täter, der mit Behörden

und Ärzten kooperiert, seitdem seine Neigung aufgeflogen ist und er nicht mehr anders konnte! Zwei Jahre vorher hatte er noch alles abgestritten und als Racheakt der Ex-Freundin abgetan. Ein Täter, der umfassend geständig ist, dass er die ihm vorgeworfene Tat tatsächlich begangen hat!

Klar, dass ein solches Verhalten in das Urteil einfließt und dieses mildert, aber ist dieses Urteil sowohl täter- als auch opfergerecht, so wie dies einer der Verteidiger des Täters behauptet? Auf wen bezieht sich „Opfer"? Auf den gefallenen Star? Auf den Suchtkranken? Oder auf die Kinder? Ist der Täter das Opfer, der aufgrund seines Suchtverhaltens nicht anders konnte oder sind die Opfer doch die tausenden namenlosen Kinder, deren Missbrauch auf den 76.000 Dateien zu sehen ist. Diese Zahl, die hier geschrieben steht und weswegen der Täter verurteilt wurde, ist erschreckend. Akribisch gesammelt in der Zeit von 2008 bis 2021, 13 Jahre lang. Hinter jeder dieser Dateien steckt ein Kind, dessen Leben eine Höllenqual ist. Kein Kind ist freiwillig Teil der Handlung. Aber ja, man muss unterscheiden zwischen Hands-on- und Hands-off-Delikten. Damit ist gemeint, dass der Täter sich nicht direkt an den Kindern vergriffen hat.

Das haben andere für ihn erledigt. Stimmt natürlich so nicht, er hat es nicht in Auftrag gegeben. Der Täter hat die Dateien nur konsumiert bzw. auch hergestellt, indem er sie verändert hat. Aber Hand angelegt hat er nicht, das kann man ihm nicht vorwerfen. Das wird betont von Strafrechtsexpert:innen. Hierzu äußern sich Frauen, dass das alles schon seine Richtigkeit habe. Sie untermauern sogar, dass höhere Strafen nicht erforderlich seien, und man aufhören solle, die Straftat zu emotionalisieren. Ich bin eine Frau. Ich bin schockiert. Wenn ich eine solche Tat nicht emotionalisieren darf, muss ich meine Menschlichkeit verleugnen.

Meine Empathie gilt nicht dem Täter, sondern die für mich eindeutig als Opfer anzusehenden Kinder und diesen Kindern wird ein solches Urteil nicht gerecht. Sind diese Frauen, die der Meinung sind, dass dies ein gerechtes Urteil ist, auch Mütter? Ich bin keine Mutter und trotzdem empfinde ich eine Schande und Scham, dass man das Leid und die Qual der Kinder nicht in den Vordergrund stellt und ein solches Urteil rechtens ist.

Würden die Verteidiger und diese Strafrechtsexpert:innen anderes von sich geben, wenn ihr eigenes Kind auf einer solchen Datei zu sehen wäre und der Täter nur zusieht und sich daran aufgeilt? Ja, diese Frage stelle ich mir ernsthaft.

Ich bin nicht im Gerichtssaal anwesend gewesen. In den Medien allerdings finde ich keine Hinweise darauf, dass dem Täter sein Verhalten leidtut, dass er seine Tat bereut. Nein, im Gegenteil, in der Berichterstattung lese ich heraus, dass der Täter ein Suchtverhalten infolge von Drogenkonsum entwickelt habe, welches zu diesem langjährigen Konsum der gefundenen Dateien geführt hat. Das ist seine Entschuldigung beziehungsweise seine Rechtfertigung. Ist der Täter doch das Opfer, weil er krank ist? Der Täter hat gewusst, dass er mit dem Beschaffen von Missbrauchsmaterial von Kindern im Darknet „seine Karriere gefährde". Das ist das Unrechtsbewusstsein des Täters? Dass er mit seinem Verhalten seine Karriere gefährdet? ERNSTHAFT?

In meinen Augen ist er Mittäter, indem er dieses Bildmaterial konsumiert und angesehen hat. Mittäter, weil er ein erwachsener Mann ist, der durchaus das Bewusstsein haben sollte, dass das keine Gegenstände sind in der Handlung, sondern Menschen. Und zwar die Art von Menschen, die Schutz brauchen, die sich selbst nicht wehren können und die von skrupellosen Personen dazu gezwungen werden, Hauptdarsteller in diesen Filmchen zu sein.

Fakt ist – und da hoffe ich jetzt, dass mir niemand widersprechen wird – , dass diese missbrauchten Kinder, wenn sie es aus den Fängen dieser Monster schaffen, kaum ein normales Leben führen können. Manche haben kein Leben mehr, da Kleinkinder an solchen Gewaltexzessen sterben können. Die, die überleben sind somit „lebenslang" bestraft. Der KONSUMENT bekommt zweieinhalb Jahre bedingt. Ist das gerecht? Opfergerecht?

Per Weisung hat das Gericht die Fortsetzung einer Psychotherapie und eine engmaschige fachpsychiatrische Behandlung angeordnet. Hiermit soll dem Täter geholfen werden, seine Pädophilie und seine Internet-Nutzung in den Griff zu bekommen. Unser Rechtssystem ist der Meinung, dass damit der Bestrafung des Täters genüge getan wurde, dass das System durch eine Überwachung den Täter im Griff hat und dadurch künftig neue Taten nicht begangen werden.

Ich glaube das nicht. Ich bin sogar der Überzeugung, dass unser System im Generellen und in diesem speziellen Fall versagen wird. Der Täter

132

ist von Beruf Schauspieler. Ein Mensch also, der seit zwanzig Jahren beruflich Rollen spielt. Aber auch privat, denn laut Aussage des Täters „Niemand wusste von alldem" konnte er auch im Privatleben eine glaubhafte Rolle spielen, so dass niemand jahrelang hinter die (äußere) Hülle und in die Abgründe im Inneren des gefeierten Stars blicken konnte. Unsere Behörden wären bis heute ahnungslos, hätte es nicht die Anzeige einer Privatperson gegen den Täter gegeben, die den Skandal ins Rollen gebracht hat.

Ich bin der Meinung, dass jeder Mensch und hier im Besonderen ein Schauspieler, der nicht vierundzwanzig Stunden über einen längeren Zeitraum überwacht wird, für den Zeitraum der „Überwachung" die geforderte Rolle spielen kann. Für die Stunde der Psychotherapie. Für den Kontakt mit der Bewährungshilfe. Für die Zeit am Tag, die der Überwachte Kontakt mit anderen Personen hat.

Allerdings bleibt zu viel Zeit vom Tag übrig, in der der Überwachte alleine ist. Zeit, in der der Überwachte der sein kann, der dieser sein will oder sein muss. Diese Restzeit wird von niemandem überwacht. Ein intelligenter Mensch

133

kann sich einen zweiten Computer anschaffen, kann die Pfade einschlagen, die über Jahre hinweg unbemerkt blieben. Die Zeit wird zeigen, ob es einen zweiten Skandal geben wird und diejenigen, die geglaubt haben, der Gerechtigkeit genüge getan zu haben, schockiert sind, dass das System versagt hat. Es wird – meiner Meinung nach – Zeit, dass unser Rechtssystem aufhört, die Täter als Opfer zu sehen und zu behandeln. Dass unser System so ist, wie es derzeit praktiziert wird, ist für mich der eigentliche Skandal an der Causa X.

An dieser Stelle möchte ich mich bei meiner Freundin Karin bedanken, die meine Texte in den letzten zwei Jahren immer mit Begeisterung gelesen hat und mir mit ihren konstruktiven Feedbacks sehr geholfen hat, mich weiterzuentwickeln.

Zu diesem Text schrieb Sie mir Folgendes: „... *dein Schreibstil ist enorm emanzipiert geworden ... da spürt man unglaublich deine juristische Kapazität. Dein Gerechtigkeitsgefühl ...*
P.S. Da ich ja selbst Betroffene aus Babytagen bin und erlebt habe, wie sich das aus dem Körper befreien musste, fühle ich mich von dir vertreten vor Gericht! Danke.

Danke, Karin, dass du mich begleitet hast und hoffentlich noch lange an meiner Seite bleiben wirst.

6. Veröffentlichung

Seitdem ich Gleichgesinnte treffe, ist oft eine der ersten Fragen „Wie kann ich mein Buch veröffentlichen?". Die Antwort ist immer dieselbe: „Einen Verlag zu finden, der das Manuskript als würdig erachtet, es zu veröffentlichen, erfordert viel Geduld und ebenso viel Glück." Oftmals sind die Verlage schlichtweg mit der Menge an eingesendetem Material überfordert. Die Autoren:innen schreiben mehrere Verlage an, warten und warten wochenlang, ohne eine Antwort zu erhalten.

Im Jahr 2019 hatte ich schon viele Seiten für mein Buchprojekt geschrieben. Bei diesem spielen Persönlichkeitsrechte eine große Rolle, daher brauchte ich einen professionellen Rat, wie man mit diesem Thema beim Schreiben umzugehen hat. Daher entstand die Idee, mich an einen Verlag zu wenden, der mich bei der Überarbeitung des Manuskriptes unterstützt. Ich habe mir davon Rat und Hilfe erwartet. Also schickte ich eine E-Mail mit Auszügen bereits geschriebener Kapitel an einen Druckkostenzuschussverlag *(Den Begriff und die Bedeutung kannte ich zum Zeit-*

punkt der Kontaktaufnahme nicht.) Ich hatte eine Rückmeldung bezüglich des Inhalts und explizit ein Statement zu dem Umgang mit den Persönlichkeitsrechten erhofft. Die Antwort kam prompt. Die Textpassagen klingen vielversprechend und einer Veröffentlichung stünde nichts im Wege. Ich müsste allerdings einen Betrag von 10.000 Euro investieren. Irgendwie sah ich ein, dass ein Verlag kein Risiko mit einer unbekannten Autorin eingehen wollte, jedoch war der geforderte Betrag erschreckend hoch. Mein Mann war sofort davon überzeugt, dass mit diesem Angebot etwas nicht stimmte. Letztendlich hatte ich erkannt, dass ich die gewünschte Rückmeldung von diesem Verlag nicht erhalten habe und mein Buchentwurf keinesfalls veröffentlichungswürdig war. Daher habe ich von diesem Angebot Abstand genommen. Solche Angebote sind keine Einzelfälle. Ein geschätzter Kollege hat mehrere tausend Euro in seine Bücher investiert bzw. verschiedenen Verlagen vierstellige Beträge überwiesen, damit diese seine Bücher druckten.

Der Vorteil eines Verlages sollte sein, dass der/die Autor:in nicht in Vorleistung gehen muss und der Verlag sich um das Marketing, den Verkauf und den Versand des Buches kümmert. Bei renommierten Verlagen ist keine bzw. wenn gefordert nur eine geringe Eigenleistung notwendig. Was ich von meinen geschätzten Kolleg:innen mittlerweile erfahren habe, hängt der Verkaufserfolg eines Buches – auch bei den bekannten Verlagen – stark von der Eigenleistung des Autors oder der Autorin ab, vor allem bei unbekannten Autor:innen. Hierfür spielt eine Rolle, wie stark er/sie in den sozialen Medien vertreten ist, wie aktiv Eigenwerbung betrieben wird (z. B. Lesungen, Auslegen des Buches in themennahen Geschäften usw.).

Aufgrund dieser Erfahrungsberichte habe ich mich dazu entschlossen, einen Verlag zu gründen und mein Buch im Eigenverlag zu veröffentlichen.

Allerdings musste ich feststellen, dass – wenn man keine Ahnung hat – der Verwirklichung der Selbstveröffentlichung eines Buches viele Hürden und auch Kosten entgegenstehen. Unumgänglich erscheint mir die Beauftragung eines Korrektorats, evtl. eines Lektorats und eines Buchcovers; das verursacht dementsprechende Kosten. Selbstverständlich gibt es mittlerweile viele Selbstpublisher, die diese kostenintensiven Arbeiten selbst bzw. mit Hilfe von Freunden und Verwandten ausführen können. Dann spart man sich diese Investitionskosten.

Dazu zähle ich leider nicht, daher brauchte ich professionelle Hilfe. Aus diesem ganzen Prozess ist die Idee entstanden, mein Unternehmen „Spatzen-Verlag" zu gründen. Zukünftig werde ich Bücher für Anfänger:innen und Newcomer verlegen, allerdings werde ich die Kosten für die Entstehung eines Buches nicht als Unternehmerin tragen können, sondern der/die Autor:in übernimmt diese Kosten selbst.

Wichtig ist mir, mich klar von den „Abzocke-Verlagen" abzugrenzen. Die Transparenz, welche Kosten für welche Leistungen zu erbringen sind, ist mir ebenfalls wichtig. Außerdem werde ich mein Know-how an beginnende Selbstpublisher:innen weitergeben, damit diese ihr Buch im Eigenverlag veröffentlichen können. Mit meiner Homepage soll eine Plattform für Selbstpublisher und Newcomer entstehen.

Jede:r muss im Endeffekt selbst entscheiden, wie das eigene Buch veröffentlicht werden soll. Mit dem Eigenverlag gibt es eine gute Alternative zum herkömmlichen Weg, nämlich einen geeigneten und gewillten Verlag zu finden, der das eigene Werk veröffentlicht.

Ich wünsche allen mit den verschiedenen Buchprojekten viel Glück und Erfolg, egal welcher Weg für die Veröffentlichung des eigenen Buches gegangen wird.

7. Schlusswort

Wie ich schon in diesem Buch beschrieben habe, ist die Teilnahme an Schreibwettbewerben bzw. Ausschreibungen eine Möglichkeit, um in Zeitschriften, Anthologien als Autor:in veröffentlicht und wahrgenommen zu werden. **Das Wichtigste für jede:n mit dem Wunsch zu schreiben, ist zu schreiben**, egal wie viel, egal was für Themen und egal, ob gut oder schlecht. Man sollte sich von Kritik nicht entmutigen lassen, sondern diese eher als Ansporn sehen, sich zu verbessern.

Wie jeden anderen Beruf sollte man das Handwerk lernen, von daher ist es sinnvoll einen Lehrgang bzw. Kurs zu besuchen, sofern man kein Genie ist, welches intuitiv Texte „richtig" schreibt. Für Anfänger:innen und Neulinge ist es gut zu wissen, was z. B. Erzählperspektiven und Handlungsverlauf sind und die verschiedenen Schreib-Genres zu kennen. Je mehr man schreibt, desto besser werden im Normalfall die Texte.

Man erzählt zum Teil seine eigene Geschichte, zum Teil wird die Fantasie angeregt. Um sich über das Schreiben austauschen zu können, ist es ratsam, sich die literarischen Angebote in der Nähe anzusehen.

Mit dem Literaturhaus Salzburg und seinen verschiedenen Vereinen gibt es ein großes und interessantes Angebot für Literaturbegeisterte. Einige Vereine bieten Schreibwerkstätten an, ebenso hat die VHS einige Kurse im Angebot. Ich werde demnächst an der VHS Salzburg den Kurs „Figuren entwickeln" besuchen. Durch diese Aktivitäten findet man Gleichgesinnte.

Die Schreibwettbewerbe, an denen ich teilgenommen habe, habe ich mir im Internet herausgesucht. Viele kleinere Verlage veranstalten diese Ausschreibungen, um die Texte als Anthologien veröffentlichen zu können. Der/die Autor:in erhält dafür kein Geld, man kann aber auf die Veröffentlichung des Textes verweisen. Bei diesen Schreibwettbewerben/Ausschreibungen bleiben die Rechte oftmals beim Autor/bei der Autorin, so dass der eigene Text auch anderswo veröffentlicht werden kann. Meines Erachtens entsteht so eine Win-win-Situation für den Verlag und auch den/die Autor:in.

Wie schon im Vorwort erwähnt, ist meine Erstveröffentlichung mit der Kurzgeschichte „Liebe kennt keine Grenzen" beim Edition Paashaas Ver-

142

lag geschehen. Es wurden in zwei Bänden von insgesamt 32 Autor:innen deren Kurzgeschichten zum Thema Liebe zwischen Fantasiewesen und Mensch abgedruckt. Es ist ein überwältigendes Gefühl, dies noch vor Vollendung meines ersten Buches erlebt zu haben. Ich finde, dass die Erstveröffentlichung einen krönenden Abschluss für meine Anfangsjahre als Autorin bildet.

Meine Projekte für das Jahr 2024 sind:
   - Gründung des Unternehmens „Spatzen-Verlag"
   - Tauchbuchprojekt mit meinem Mann zusammen
   - Abschluss des Lehrgangs „Spannendes Sachbuch schreiben" bei Writer´s Studio in Wien

Seine Ziele hochzustecken, kann nie von Nachteil sein, wenn man aus dem Scheitern lernt und wenn die Pläne aufgehen, kann man stolz sein und den Erfolg genießen.
   Noch eines für alle Schreiberlinge da draußen: Selbst Stephen King wurde viele Jahre als Autor abgelehnt und hat ein sehr armes, einfaches Leben geführt. In einem Stadium seines Lebens, in dem er den Glauben an sich fast verloren hatte,

drängte seine Frau darauf, dass er mit seinem Werk „Carrie" einen nochmaligen Versuch bei einem Verlag zur Veröffentlichung starten sollte. Das Buch hat eingeschlagen wie eine Bombe und den Rest seiner Erfolgsgeschichte kennt fast jede:r. Das sollte allen Schreibwütigen von uns Mut machen, um weiter zu schreiben.

(Aus der Originalausgabe ON WRITING – A MEMOIR OF THE CRAFT by Stephen King, bei Sribner, New York, Übersetzung by Ullstein Verlag, Copyright 2011 dieser Auflage beim Wilhelm Heyne Verlag, München)

Jetzt nutze ich hier die Gelegenheit für Eigenwerbung: Wer neugierig auf meine Kurzgeschichte „Liebe kennt keine Grenzen" geworden ist, kann diese im Buch „Fantastische Liebe Band 2" (ISBN: 978-3-96174-142-7) lesen. Empfehlenswert sind ebenfalls die anderen darin enthaltenen Kurzgeschichten meiner geschätzten Kolleg:innen.

Ich wünsche allen viel Freude am Schreiben!

Printed in Poland
by Amazon Fulfillment
Poland Sp. z o.o., Wrocław

43588277R00083